汽车售后服务实务

主　编　黄超群　刘　丽

副主编　张宇杭　来　飞

主　审　莫明立

重庆大学出版社

内容提要

本书是以汽车售后服务工作为背景,主要针对汽车服务顾问岗位的工作内容和岗位能力要求,介绍了有关方面的知识和技能。本书共设计了6个学习模块:汽车售后服务概述、汽车售后服务礼仪、客户沟通技巧、汽车售后服务流程、客户满意度与客户关系管理、汽车售后"6S"现场管理。

本书可作为高职高专的汽车售后服务教材,也可供广大汽车售后服务人员参考。

图书在版编目(CIP)数据

汽车售后服务实务/黄超群,刘丽主编. -- 重庆:重庆大学出版社,2020.2
高职高专汽车营销与服务专业系列教材
ISBN 978-7-5689-1969-2

Ⅰ.①汽⋯ Ⅱ.①黄⋯ ②刘⋯ Ⅲ.①汽车—售后服务—高等职业教育—教材 Ⅳ.①F407.471.5

中国版本图书馆 CIP 数据核字(2020)第 008722 号

汽车售后服务实务

主 编 黄超群 刘 丽
副主编 张宇杭 来 飞
主 审 莫明立
策划编辑:曾显跃 周 立

责任编辑:曾显跃   版式设计:曾显跃
责任校对:邹 忌   责任印制:张 策

*

重庆大学出版社出版发行
出版人:饶帮华
社址:重庆市沙坪坝区大学城西路 21 号
邮编:401331
电话:(023)88617190 88617185(中小学)
传真:(023)88617186 88617166
网址:http://www.cqup.com.cn
邮箱:fxk@ cqup.com.cn(营销中心)
全国新华书店经销
重庆华林天美印务有限公司印刷

*

开本:979mm×1092mm 1/16 印张:9.75 字数:246 千
2020 年 2 月第 1 版   2020 年 2 月第 1 次印刷
印数:1—2 000
ISBN 978-7-5689-1969-2 定价:35.00 元

前言

　　随着现代化制造业结构的逐步升级,技能人才的价值越来越得到认可。近年来,我国汽车产业高速发展,汽车保有量快速增加,汽车后市场服务产业蓬勃发展,汽车维修企业需要大量具有专业知识的汽车服务人才,因此,高职高专院校的汽车类专业纷纷开设了相关课程,以满足人才培养需要。

　　本书的编写思路是以汽车售后服务顾问这个岗位的职责和工作内容为背景,围绕汽车维修接待业务中所涉及的各个环节,采用先整体认识、重点分述再补充的原则组织编写,让学习者逐渐地认识汽车售后服务顾问的工作,并不断提高自身的修养和解决问题的能力。

　　本书由重庆工商职业学院黄超群、重庆应用技术职业学院刘丽任主编,重庆工商职业学院张宇杭、重庆理工大学来飞任副主编。全书由重庆工商职业学院黄超群统稿。

　　在本书编写过程中,参考和借鉴了大量教材、论著及真实案例,在此,对原作者、编译者表示衷心的感谢。

　　尽管编写人员对本书的编写工作做了大量努力,但由于水平有限,不足之处在所难免。对于书中的不妥和错误之处,恳请读者批评指正。

编　者

2019 年 9 月

目 录

模块 1 汽车售后服务概述 ……………………… 1
  任务 1.1 汽车售后服务定义 ……………………… 1
  任务 1.2 汽车售后服务部门组织架构 …………… 7
  复习思考题………………………………………… 14

模块 2 汽车售后服务礼仪 ……………………… 15
  任务 2.1 职业形象 ……………………………… 15
  任务 2.2 肢体礼仪 ……………………………… 20
  任务 2.3 社交礼仪 ……………………………… 27
  复习思考题………………………………………… 35

模块 3 客户沟通技巧 …………………………… 37
  任务 3.1 沟通的含义 …………………………… 37
  任务 3.2 沟通技巧 ……………………………… 39
  复习思考题………………………………………… 45

模块 4 汽车售后服务流程 ……………………… 46
  任务 4.1 汽车售后服务流程概述 ……………… 46
  任务 4.2 预约服务 ……………………………… 51
  任务 4.3 维修接待服务 ………………………… 59
  任务 4.4 维修确认 ……………………………… 75
  任务 4.5 车辆修理 ……………………………… 79
  任务 4.6 维修质检 ……………………………… 82
  任务 4.7 结算交车 ……………………………… 87
  任务 4.8 回访客户 ……………………………… 89
  复习思考题………………………………………… 92

模块 5 客户满意度与客户关系管理 …………… 94
  任务 5.1 客户满意度管理 ……………………… 94
  任务 5.2 客户投诉的处理 ……………………… 101
  复习思考题 ……………………………………… 114

模块 6 汽车售后"6S"现场管理 ……………… 116
  任务 6.1 "6S"的含义及作用 ………………… 116
  任务 6.2 "6S"现场管理的内容 ……………… 119

复习思考题 ………………………………………………… 129

本课程实训 ………………………………………………… 130

实训1　接待礼仪实训 ……………………………………… 130

实训2　沟通礼仪实训 ……………………………………… 131

实训3　预约服务技能实训 ………………………………… 133

实训4　客户接待和问诊技能实训 ………………………… 135

实训5　车辆维修确认技能实训 …………………………… 138

实训6　车辆修理技能实训 ………………………………… 141

实训7　维修质量检查技能实训 …………………………… 143

实训8　车辆交付操作技能实训 …………………………… 144

实训9　车辆回访技能实训 ………………………………… 147

实训10　处理客户投诉技能实训 ………………………… 149

参考文献 ……………………………………………………… 150

模块 **1**
汽车售后服务概述

[学习目标]

1.了解汽车售后服务的经营模式。

2.了解汽车服务部门的组织架构。

[学习内容]

1.汽车售后服务的定义。

2.汽车服务部门的组织架构。

任务1.1 汽车售后服务定义

1.1.1 服务的概念

(1)服务的定义

什么是服务,这个很难界定,目前有代表性的认识有:

1960年美国市场营销协会(AMA)最先给服务下定义为:服务是一种经济活动,是消费者从有偿的活动或从所购买的相关商品中得到的利益和满足感。这一定义在很长时期里被学者们普遍采用,但其缺点是未能将有形产品和无形服务区分开,因为有形产品也是用于出售并使购买者获得利益和满足的。

1984年,美国市场营销协会对1960年的定义重新进行修改:服务是可被区分界定的,主要为不可感知,却可使欲望得到满足的活动,而这种活动并不需要与其他产品或服务的出售联系在一起。生产服务时可能需要利用实物,而且即使需要借助某些实物协助生产服务,这些实物的所有权也不涉及转移的问题。

1983年,美国著名营销学家菲利浦·科特勒指出:服务乃是一方能向另一方提供的基本上属于无形的任何行为或绩效,并且不导致任何所有权的产生。服务的生产可能与物质产品相关,也可能不相关。

芬兰著名营销学家、服务管理学科创始人克里斯廷·格罗鲁斯认为:服务是由一系列或多或少具有无形特性的活动所构成的一种过程,这种过程是在客户与员工、有形资源的互动关系中进行的,这些有形资源(有形产品或有形系统)是作为顾客问题的解决方案而提供给客户的。

综合以上观点,可知:

服务是具有无形特征却可以给人带来某种利益或者满足感的可供有偿转让的一种或者一系列活动。

服务是一种产品,它是客户的直接感受,它是无形的东西。不同人对被服务过程中的价值感受,完全取决于这个人当时的心情以及需要,即使没有提供适当的服务,它也不能被收回,因此,一旦客户不满意时道歉就是首要的弥补策略,然后依据不同客户的需求给予不同程度的响应,使客户在心情上获得弥补。

 案例

王永庆卖米

王永庆早年因家贫而读不起书,只好去做买卖。16 岁的王永庆从老家来到嘉义开一家米店。那时,小小的嘉义已有米店近 30 家,竞争非常激烈。当时仅有 200 元资金的王永庆,只能在一条偏僻的巷子里承租一个很小的铺面。他的米店开办最晚,规模最小,更谈不上知名度了,没有任何优势。在新开张的那段日子里,生意冷冷清清,门可罗雀。

刚开始,王永庆曾背着米挨家挨户去推销,一天下来,人不仅累得够呛,效果也不太好。谁会去买一个小商贩上门推销的米呢?可怎样才能打开销路呢?王永庆决定从每一粒米上打开突破口。那时候的台湾地区,农民还处在手工作业状态,由于稻谷收割与加工的技术落后,很多小石子之类的杂物很容易掺杂在米里。人们在做饭之前,都要淘好几次米,很不方便。但大家都已见怪不怪,习以为常。

王永庆却从这司空见惯中找到了切入点。他和两个弟弟一齐动手,一点一点地将夹杂在米里的秕糠、砂石之类的杂物拣出来,然后再卖。一时间,小镇上的主妇们都说,王永庆卖的米质量好,省去了淘米的麻烦。这样,一传十,十传百,米店的生意日渐红火起来。

王永庆并没有就此满足,他还要在米上下大功夫。那时候,顾客都是上门买米,自己运送回家。这对年轻人来说不算什么,但对一些上了年纪的人,就大大地不便了。而年轻人又无暇顾及家务,买米的顾客以老年人居多。王永庆注意到这一细节,于是主动送米上门,这一方便顾客的服务措施同样大受欢迎。当时还没有"送货上门"一说,增加这一服务项目等于是一项创举。

王永庆送米,并非送到顾客家门口了事,还要将米倒进米缸里。如果米缸里还有陈米,他就将旧米倒出来,把米缸擦干净,再把新米倒进去,然后将陈米放回上层,这样,陈米就不至于因存放过久而变质。王永庆这一精细的服务令顾客深受感动,赢得了很多的顾客。

如果给新顾客送米,王永庆就细心记下这户人家米缸的容量,并且问明家里有多少人吃饭,几个大人、几个小孩,每人饭量如何,据此估计该户人家下次买米的大概时间,记在本子上。到时候,不等顾客上门,他就主动将相应数量的米送到客户家里。

王永庆精细、务实的服务,使嘉义人都知道在米市马路尽头的巷子里,有一个卖好米并送货上门的王永庆。有了知名度后,王永庆的生意更加红火起来。这样,经过一年多的资金积累和客户积累,王永庆便自己办了个碾米厂,在最繁华热闹的临街处租了一处比原来大好几倍的房子,临街做铺面,里间做碾米厂。

就这样,王永庆从小小的米店生意开启了他后来问鼎台湾地区首富的事业。

启示:服务可以创造利润,赢得市场。

卓越的、超值的、超满意的服务才是最好的服务。

(2)服务的特点

服务具有五大特性:无形性、不可分离性、差异性、不可储存性和所有权的不可转让性。

1)无形性

服务的无形性,也称为不可触知性。与物质产品相比较,客户在购买服务之前,一般不能看到、听到、嗅到、尝到或者感觉到。真正无形的服务极少,很多服务需要借助有形的实物才可以产生。对顾客而言,购买某些产品,只不过因为它们是一些有效的载体,这些载体所承载的服务或者效用才是最重要的。

2)不可分离性

服务的不可分离性是指服务生产过程与消费过程同时进行,消费与生产在时间上不可分离。

3)差异性

服务的差异性主要指服务的构成成分及其质量水平经常变化,很难统一界定。服务是以人为中心,由于人的气质、修养、文化与技术水平存在差异,同一服务由数人操作,品质难以完全相同;即使同一人作同样服务,因时间、地点、环境或者心情不同,作业成果也难完全一致。

4)不可储存性

服务既不能在时间上储存,也不能在空间上转移。由于服务是无形的,服务的生产与消费同时发生,所以,服务不能储存。

5)所有权的不可转让性

服务生产消费过程中不涉及任何有形产品所有权的转移,这一特性更易使消费者产生风险意识。

(3)服务的分类

根据对服务推广的客户参与程度可分为:

①高接触性服务:客户在服务推广的过程中参与其中全部或大部分的活动,如电影院、娱乐场所、公共交通、学校等部门提供的服务。

②中接触性服务:客户只是部分地或在局部时间内参与其中的活动,如银行、律师、房地产经纪人等所提供的服务。

③低接触性服务:在服务推广的过程中客户与服务的提供者接触甚少,如信息中心、邮电业等所提供的服务。

(4)服务与产品的区别

分析服务与有形产品之间的区别,有助于进一步理解和把握服务的本质。

格罗鲁斯于1990年对服务与有形产品的特点差异进行了对比分析,两者的差异可概括为以下几个方面:

1）存在形式

有形产品是一个具有实体的、独立静态的物质对象,而服务是非实体的、无形的,是一种行为或过程。

2）表现形式

有形产品是一种标准化的产品,而服务大多难以标准化,每一类服务都可能与其他同类服务的表现形式有所差异。

3）生产、销售与消费的同时性

有形产品的生产、销售及消费可以完全独立进行,客户不参与生产过程,客户的消费也无须服务机构服务人员参与;而服务的生产、销售和消费是同一个不可分离的过程,客户和服务人员必须同时参与才能完成。

4）核心价值的产生方式

有形产品的核心价值是在工厂里就已经确定的一种凝聚在产品当中的静态属性,与客户无关;服务的价值是在客户与服务人员的接触中产生的,它不可能事先被创造出来,是一种动态的属性。

5）存储性

有形产品可以在一定时间内存储,而服务的生产和消费是同时进行的,生产的过程即是消费的过程,不可存储。

1.1.2 汽车售后服务的概念

广义的售后服务,包括与产品销售配套的包装服务、送货服务、安装服务、"三包"服务(包修、包换、包退)、排除技术故障、提供技术支持、寄发产品改进或升级信息、与客户保持联系、建立客户档案、收集并整理客户信息资料等服务。

汽车售后服务是指汽车作为商品销售出去后,由生产商、销售商、维修商、配件商等为其客户及其拥有的汽车提供各方面服务。汽车售后服务的直接服务对象是客户,间接对象是汽车。

汽车售后服务是汽车流通领域的一个重要环节,是一项非常复杂的工程,它涵盖了汽车的质量保障、索赔、维修保养服务、汽车零部件供给、维修技术培训、技术咨询与指导、其他个人服务等与产品和市场有关的一系列内容。汽车生产企业可以通过售后服务与客户建立良好关系,树立企业的品牌、提高产品的信誉度、扩大产品的影响力。

汽车售后服务的主要内容包括维修保养、车内装饰、金融服务、事故保险、索赔咨询、旧车转让、废车回收、事故救援、市场调查、信息反馈等内容。售后服务的过程,不仅关系到本公司产品本身服务质量的保障,更关系到服务过程中客户的满意度。因此,汽车售后服务过程是集客户、汽车制造企业、汽车维修企业、汽车服务企业等一体共同参与的过程。

1.1.3 汽车售后服务的重要性

随着我国汽车市场经营模式的重大转变,汽车售后服务商机也不断地增多,各汽车维修企业已粗具规模,汽车市场从产品竞争转向了服务竞争。做好汽车售后服务,是汽车企业品牌参与市场竞争的锐利武器,是产品质量和客户权益的有力保障,是提高客户满意度和忠诚度的有效措施,是摆脱价格战的有效方法,也是汽车技术进步和科技发展的必然要求。因此,汽车售后服务在汽车行业中起着非常重要的作用。

（1）优质的汽车售后服务是提升核心市场竞争力的有力武器

汽车售后服务市场的竞争不逊色于汽车销售市场，从某种程度上来说，好的售后服务更能提高汽车的使用寿命，因此，提高售后服务质量，可以帮助汽车品牌自身市场竞争力的提升。

（2）优质的汽车售后服务是确保产品质量和客户权益的重要保障

大多数的客户对专业知识了解并不全面，因而在一些问题上客户和服务企业难免会发生分歧和争执。一家 4S 店再好也不可避免地会与客户出现分歧，如何处理分歧，不同的企业和接待人员会采取不同的措施。而优秀的售后服务顾问能够起到很好的调解作用，其能为客户提供细致专业的咨询服务，确保客户权益，进而提升产品口碑。

（3）做好汽车售后服务是得获得更多客户资源的有效途径

在激烈的市场竞争中，产品和服务是两大关键因素。随着产品越来越同质化，只有服务才能创造差异，才能创造更多的附加值。因此，汽车企业要想实现长远的发展，必须要注重从物质和精神等多方面满足客户需求。比如，在售后服务上注重营造舒适、优雅的服务环境，提高售后服务流程的合理性，确保售后服务质量，让客户享受舒适的服务态度等，从物质和精神方面让客户得到满足，进而提高客户满意度，赢得更多的客户资源。

1.1.4　汽车售后服常见经营模式

在目前汽车售后服务市场中，主要以 4S 店、连锁经营店、特约维修站、专业维修店和个体经营商等四种经营模式。这几种经营方式有相似之处，但又有很大不同。

（1）4S 店

4S 店是以"四位一体"为核心的汽车特许经营模式，包括整车销售、零配件销售、售后服务和信息反馈。4S 店一般采取一个品牌在一个地区分布一个或几个专卖店，按照生产厂家的统一店内外设计要求建造。图 1.1 为某 4S 店的实景图。

图 1.1　某 4S 店实景图

4S 店的优势明显,主要表现在以下几个方面:

1)品牌优势

由于汽车 4S 店大多经营的是品牌效应好、竞争力强、市场份额比较大的汽车品牌,所以品牌优势是其主要的竞争手段,这是其他汽车销售模式无法比拟的。

2)完整和规范的服务系统

汽车 4S 店的核心竞争力是以优质的服务赢得客户。在汽车 4S 店,客户可以得到关于汽车信息、市场动态、售后服务、维修保养须知、配件供应等所有增值服务,无论整车还是零部件都能够保证原厂原货,使消费者免去了在售后服务、维修、保养等方面的后顾之忧。

3)多种多样的增值服务

客户在购买汽车以后,还有一些额外的服务,汽车 4S 店可以凭借其强大的实力推出各种差异化、个性化的服务,这是汽车 4S 店的核心竞争力。

4)与客户有互动,增加产品价值

汽车 4S 店往往通过建立汽车俱乐部加强与客户的联系,通过组织车友休闲活动,让客户感觉到 4S 店不只是把车卖给客户,还与客户是亲密的朋友关系,将汽车企业和汽车品牌的文化融入客户日常生活,提高了客户满意度和保留率,同时通过口碑效应赢得更多的客户,以提高汽车销量和企业竞争能力。

汽车 4S 店优势明显,但也有缺点:

①投资大,风险高。建立一个 4S 店需要大量的资金投入,少则上百万,多则上千万,一般由经销商自己投资建立,一旦所经营汽车滞销,将背上沉重的经济负担。

②车型单一。展厅里面没有更多同档次车型进行比较,无法满足消费者多样性的需求。

③维修保养费用较高。

（2）连锁经营店

连锁经营店,定位于汽车售后市场的集汽配供应、汽车维修、快速保养为一体的综合性服务商。连锁经营店在北美比较流行,其营销理念的主要特点是:统一的品牌形象、统一的服务理念、统一的设备配套、统一的宣传推广、统一的价格体系、统一的经营管理、统一的备件配送、统一的技术培训。这种汽修连锁店一般不大,但是能为各种车型提供汽车维修服务。

（3）特约维修站

特约维修站,只负责给特定的品牌的汽车提供服务,由该品牌汽车生产商提供专业的维修设备、零部件和专业技术等。因此,它具有专业维修技术,且在生产厂家推出新产品、新技术后,会对特约维修站的技术人员进行培训,使他们在第一时间掌握这些新知识,并在实践中熟悉和应用。特约维修站的服务过程程序化、服务行为规范化、服务结果标准化,同时多数特约维修站都建立了完善的客户管理信息系统,能够使客户肯定其服务。

（4）个体经营商

个体经营商主要从事汽车制造企业的质量保修范围以外的故障维修。一般包括汽车保养、换件修理等无须专业诊断与作业设备的小维修业务,能满足小故障低价位维修业务,维修人员多以自身经验进行维修作业。

任务1.2 汽车售后服务部门组织架构

1.2.1 汽车售后服务部门组织架构

目前,大多数汽车经销商售后服务部门的组织架构如图1.2所示。

有些汽车品牌会设置服务总监的岗位,其工作内容就是对应图1.2中的服务经理,而服务经理的工作内容对应图1.2中的前台主管。

随着各汽车厂家对维护客户关系及提高客户满意度的要求逐渐提升,客户关系部门也作为独立的部门直接向总经理汇报工作,但也有些汽车品牌的客服部门是设置在售后服务部门内的,由客服经理向服务经理汇报工作。各汽车品牌的组织架构有些许差异,但工作内容大体相同。

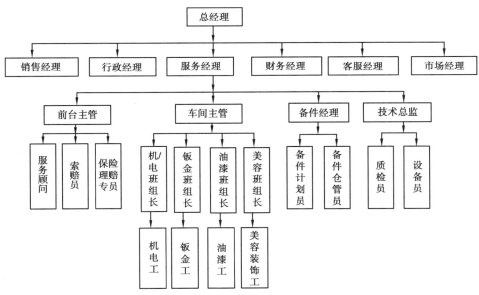

图1.2 汽车售后服务部门的组织架构

1.2.2 汽车售后服务部门的岗位职责

汽车售后服务部门各主要岗位工作职责见表1.1。

表1.1 汽车售后服务部门各主要岗位工作职责

岗位名称	直接上级	直接下属	岗位职责
服务经理	总经理	售后全体人员	◇ 全面负责售后服务部门的工作,直接向总经理汇报工作; ◇ 严格执行品牌公司的服务政策及地方行业管理处的各项标准、政策和程序,并接受监督; ◇ 严格贯彻执行公司各类规范及规章制度、目标和要求并监督检查实施结果;

续表

岗位名称	直接上级	直接下属	岗位职责
服务经理	总经理	售后全体人员	◇ 根据要求审核并及时签发品牌公司相关报表和文件； ◇ 对售后服务部门的生产经营、技术、质量、行政工作全面负责,确保总经理下达的各项技术、质量、经济指标全面完成； ◇ 负责公司企业文化和服务宗旨的宣传和贯彻,提高售后部门的客户满意度； ◇ 负责处理由直接下级无法处理的客户投诉和其他部门转交过来的客户投诉； ◇ 负责向厂家、集团公司相关部门及时上报和督促下属上报相关报表和文件； ◇ 负责售后服务部门全体员工的教育和培训,深入各部门,掌握员工思想状况,充分调动各职能部门的积极性,发挥职能作用,激发员工的工作热情,提出对员工进行奖励、处罚、聘用和辞退的建议； ◇ 负责审核培训计划及参训人员的资格审核； ◇ 加强职工安全教育,提高职工安全素质,杜绝安全隐患,防止发生重大安全事故； ◇ 负责部门各项会议的定期召开,对日常工作进行分析总结并不断改进优化,制订出工作计划及相关的报表； ◇ 负责协调售后服务部门内部的工作业务关系,互相配合、互相促进以及与外部的联系； ◇ 了解市场信息,对维修工时收费价格定位提出建设性意见； ◇ 负责审核本部门各种开支合理性； ◇ 完成总经理授权和交办的其他工作任务
前台主管	服务经理	服务顾问、索赔员、保险理赔专员	◇ 向服务经理汇报工作； ◇ 执行和落实公司的各项规章制度,制订本部门工作计划,组织完成公司下达的各项任务指标； ◇ 负责与客户有关过程的控制,包括汽车维修合同的评审、签订及修订的协调,肇事车、大修车的合同的评审签字确认,业务接待、索赔过程的控制； ◇ 热情礼貌接待客户,及时解决客户投诉,竭力提高客户满意度,如有不能处理的投诉,及时上报售后经理； ◇ 定期召开部门例会,对运营情况进行总结分析并改进实施,制订出工作计划及相关报表并上报服务经理； ◇ 指导和监督直接下级开展工作并提供实时支持； ◇ 加强与客户的沟通,及时解决或征集客户意见,并制订改进措施； ◇ 开展市场调查,及时了解客户需求和同行的最新情况,开拓维修市场； ◇ 督促检查本部门服务、价格、质量、进度等情况,落实执行服务规范、操作规范

岗位名称	直接上级	直接下属	岗位职责
服务顾问	前台主管	无	◇ 向前台主管汇报工作; ◇ 负责按规范服务,及时、热忱地接送客户,尽力完成公司下达的任务指标; ◇ 负责按规范服务流程准确判断并详细记录维修车辆的相关信息:车主信息、车辆维修的历史相关信息; ◇ 耐心解答客户疑问,保证兑现对客户的承诺,若有问题及时向上级领导反映,取得支持和帮助; ◇ 负责及时与客户沟通,对车辆维修过程进行跟踪,车辆维修过程中出现的新状况及时与客户确认; ◇ 负责按规范流程进行索赔相关事务的处理,负责与保险公司对肇事车辆的维修确认; ◇ 负责本岗位区域内的卫生及设施的完好; ◇ 不断提高专业技术水平和服务意识,优化改进工作; ◇ 负责公司各项制度在本部门的宣导及信息的传递; ◇ 及时处理一般客户投诉; ◇ 完成上级领导授权和交办的其他工作任务
索赔员	前台主管	无	◇ 向前台主管汇报工作; ◇ 熟悉索赔业务的具体工作流程,负责协助业务接待,认真检查索赔车辆,做好车辆索赔的鉴定,保证索赔的准确性; ◇ 负责按规范流程提交索赔申请及相应索赔事务; ◇ 负责索赔旧件的标识、存放管理,回运、保修费用的结算和账目的管理,并配合财务对索赔金额进行核对; ◇ 负责在厂家授权开展的质量返修和相关活动中报表资料的传递与交流,以及各部门的工作衔接; ◇ 负责客观真实地开展索赔工作,不弄虚作假并及时向管理层汇报工作状况; ◇ 主动收集、反馈有关车辆维修质量、技术等相关信息给相关部门; ◇ 及时处理客户投诉,竭力提高客户满意度,如有不能处理的投诉,及时告知上级主管领导; ◇ 诊断故障,确保索赔一次递交合格率; ◇ 准确填写各类索赔相关单据,并按时发送到厂家; ◇ 负责收集统计、汇总相关信息,并提交有关报表; ◇ 完成上级领导授权和交办的其他工作任务
保险理赔专员	前台主管	无	◇ 及时接待客户车辆,保持与客户联系,了解客户的需求; ◇ 负责建立、完善客户车辆档案并及时更新; ◇ 确保车间维修班组完成各项工作,并及时跟踪车辆维修进度和质量,保护客户的利益; ◇ 进行维修后最终交车前的检查,以满足客户的需求; ◇ 处理客户的抱怨;

续表

岗位名称	直接上级	直接下属	岗位职责
保险理赔专员	前台主管	无	◇ 负责汽车保险业务的办理与出现保险事故时的理赔工作; ◇ 建立并不断完善保险理赔的业务内容与业务流程,提高保险理赔的效率与客户满意度; ◇ 负责向客户解释保险理赔的知识与服务流程,向客户提供合理的建议; ◇ 制作每月保险理赔业务的分析报表; ◇ 利用服务中与客户接触的机会销售车辆、备件和附件; ◇ 向客户宣传与公司合作保险的优势,配合续保员增加续保产值; ◇ 完成上级领导授权和交办的其他工作任务
车间主管	服务经理	班组长	◇ 向服务经理汇报工作; ◇ 合理分配车间工作,调度好所有车辆有序进出工位; ◇ 负责维修车间的工位安排处于最佳状态; ◇ 负责与公司其他部门的工作协调,确保客户满意; ◇ 组织进4S店维修车辆的拆检与故障诊断工作; ◇ 负责维修车辆的时间管控、各车辆维修过程的衔接,对业务前台提供技术支持,确定车辆交车时间; ◇ 严格抓好质量管理,检查并监督车间员工的服务质量和维修质量,对有倾向性的质量问题,必须组织现场分析,及时提出纠正与预防措施,并以书面形式报告服务经理认真贯彻实施方案; ◇ 严格按照安全生产操作规程,杜绝员工违章操作,严禁机具设备带病操作,杜绝一切安全和机损事故的发生; ◇ 严格按照厂家的管理条款及考核标准,并结合公司奖罚制度对每个员工的工作进行考核; ◇ 完成上级领导授权和交办的其他工作任务
班组长	车间主管	维修工	◇ 确保客户的车辆能够得到快速正确的维修; ◇ 对本班组维修车辆的质量负全责; ◇ 对班组安全生产负全责; ◇ 对本班组所使用的设备、工具完好负责,定期进行检查维护; ◇ 负责对本班组员工监督、指导按技术操作规程规范进行操作; ◇ 检查本班组所有的保养项目和修理项目,确保正确执行
机电工、钣金工	班组长	无	◇ 不得擅自变更维修项目和减少或增加维修内容,不得超越维修项目的范围领取配件,领用配件时,必须以旧换新、验证并签字确认; ◇ 必须按照《汽车维修手册》进行维修作业,确保维修质量; ◇ 承修人员对已完工的维修项目,必须依据《汽车修理手册》进行自检,合格后,在已维修项目的相应位置签字确认,交组长进行质检。对需进行最终检验的项目,送交质量总检员进行试车检验; ◇ 操作中做到油、水、配件、工具不落地。发动机、变速箱的解体必须在总成修理室进行,并保证室内设施及场地的整洁;

岗位名称	直接上级	直接下属	岗位职责
机电工、钣金工	班组长	无	◇　工具车及工具柜内不得存放任何配件及杂物; ◇　遵守安全生产规章制度以及设备操作规程,杜绝违章操作,消除事故隐患,防止安全、机损事故发生; ◇　文明礼貌,热情待客,为客户提供优质服务; ◇　努力提高自身操作能力和维修技术水准,积极参加各项培训考试,培训和考试不得无故缺席
油漆工	班组长	无	◇　必须按照《汽车维修手册》《油漆作业指导书》进行维修作业; ◇　油漆修复竣工后,承修人员必须在依据《车身油漆检验标准》进行自检合格后,送交检验员实行最终检验; ◇　每月对烤漆房进行一次清洗,定期更换过滤棉。每三天冲洗磨灰排水槽、每天排除油水分离净化器中的水分,保持地面的清洁; ◇　工具车及工具柜内不得存放任何配件及杂物; ◇　遵守安全生产规章制度以及设备操作规程,杜绝违章操作,消除事故隐患,防止安全、机损事故发生; ◇　文明礼貌、热情待客,为客户提供优质服务; ◇　重视安全生产,严格管理易燃、易爆、强腐蚀等危险物品,分开存放,工段严禁烟火,严格制止闲杂人员进入; ◇　特殊工种的操作人员需持证上岗; ◇　努力提高自身操作能力和维修技术水平,积极参与各项培训考试,培训和考试不得无故缺席
汽车美容装饰工	班组长	无	◇　作业过程的操作规范标准; ◇　作业过程中设备用具的摆放与清洁; ◇　作业过程严格要求自己,服务至上; ◇　做好美容、装饰等车辆统计及相关上报; ◇　用品、用具领用要注意节约; ◇　严格执行施工流程、标准、行为规范、仪容仪表、服务礼仪
技术总监	服务经理	质检员、设备管理员	◇　负责车辆维修、保养过程质量控制,确保维修过程处于受控状态,并对维修质量负责; ◇　主持重大质量问题及倾向性问题的研讨分析,及时处理客户一般投诉,参与质量、机损、安全事故的分析,针对存在问题制订纠正与预防措施; ◇　负责对员工进行技术培训或举办专题讲座,编制年度培训计划,提高员工整体质量意识和技术水平; ◇　协同服务经理制订外培人员计划,并报总经理批准; ◇　协助服务经理对重大维修合同进行评审; ◇　负责工具、设备仪器的管理和设备、工具、仪器的购置,以及维修报损的审核工作,负责质量审核工作,质量目标工作; ◇　负责技术鉴定工作,负责协调与厂家及有关部门的技术支持工作

续表

岗位名称	直接上级	直接下属	岗位职责
质检员	技术总监	无	◇ 对检验不合格或出4S店返修车辆进行检验确认后,报技术总监备案,开出《车辆返修处理单》,并在《车辆返修处理单》中确认返工项目及返工后的维修车辆重新检验,做好在修车辆维修过程的巡回检验工作; ◇ 负责对重大维修合同(包括大修、中修、安全件维修事故车或维修金额较大)的维修车辆进行最终检验,合格后签名确认,报技术总监确认后出4S店; ◇ 与技术总监配合,针对容易产生的质量问题进行专题讲座和技术培训,提高员工的质量意识和技术水平; ◇ 负责检验《发动机大修、变速箱大修、钣金、油漆作业记录》,并对增加项目及需要更换的配件作出判定
设备管理员	技术总监	无	◇ 负责增购、更换设备可行性计划,论证及申请采购,签订质量保证协议文件; ◇ 负责对设备建立技术档案,受技术总监的委托,负责保管设备的原始资料; ◇ 负责新增设备的安装,并会同技术总监及有关人员对设备进行验收; ◇ 负责各种设备的日常使用管理,各种专用设备及公用设备必须指定由专人管理,特殊设备应指定由相应技术水平的技术人员管理,严禁设备带病运转或超负荷运转; ◇ 负责设备的保养及维护,监督管理者必须做到"三好四会",即:管好、用好、修好、会保养、会检查、会使用、会排除一般故障,管理者无法处理的故障必须立即报告; ◇ 负责设备的修理,对由于非正常原因而损害的设备,必须及时召开事故分析会,并追究有关人员责任,修复后的设备应会同技术总监及有关人员进行验收; ◇ 无法修复的设备,必须会同技术总监填写报废申请表,经总经理批准后,办理报废手续; ◇ 负责量具、仪表等计量用具的定期检验,有合格证后方可使用
备件经理	服务经理	备件计划员、配件仓库管理员	◇ 向服务经理汇报工作; ◇ 负责厂家下达的备件销售任务、集团公司下达的备件销售任务及利润指标的完成; ◇ 根据公司的经营目标及整体运作方式,合理制定备件的营销政策,并付诸实施; ◇ 督促工作人员做好备件的经营和管理,合理调整库存,加快资金周转,减少滞销品种;

岗位名称	直接上级	直接下属	岗位职责
备件经理	服务经理	备件计划员、备件仓库管理员	◇ 协调计划、采购入库、出库各岗位之间的工作关系,明确工作流程,保证各环节工作的畅通,不断提高备件供应的满足率、准确率和完好率; ◇ 协调其他业务部门,确保维修业务及其他备件业务的正常开展,负责配合处理由于备件质量、缺件等引起的投诉事宜; ◇ 定期组织召开周例会,总结成绩,克服不足,不断提高配件工作人员业务水平和服务意识,保证本部门员工良好的工作状态; ◇ 负责备件采购计划的审核、批准工作,检查备件采购计划的落实情况,及时解决备件采购中出现的特殊问题,确保汽车维修需要; ◇ 加强对仓库人员的管理,储存配件保管必须符合规定和标准,落实材料收发控制,定期抽查备件、库存账、财务账是否相符,组织配合财务部做好月底、年终库房盘点工作; ◇ 负责库房 6S 管理工作; ◇ 负责本部门人员的备件业务的培训指导; ◇ 制订本部门培训计划; ◇ 负责协调各部门关系,并使备件工作流程不断优化、完善、提高; ◇ 建立与厂家的良好关系; ◇ 负责同财务、业务往来单位的账务核对; ◇ 完成上级领导授权和交办的其他工作任务
备件计划员	备件经理	无	◇ 随时了解仓库备件情况,根据生产需要编制备件订购计划,按时从厂家进货; ◇ 了解市场信息,掌握备件的市场动态,及时完成备件的采购,以满足生产需要; ◇ 做好备件结构和库存量的控制; ◇ 保持库房整洁,协助做好仓库管理工作; ◇ 定期向备件主管汇报工作; ◇ 完成备件主管指定的其他方面的工作
备件仓库管理员	备件经理	无	◇ 负责备件的入库管理,入库要严格进行入库验收手续,认真查核对名称、数量、编号、价格、质量; ◇ 负责备件销售及出库管理,要根据维修工单书上的作业项目发料,做到准确无误; ◇ 负责备件库存管理,库存情况要及时与备件计划员沟通,按公司要求做好各种形式的库存盘点工作,确保库存备件做到账、物一致; ◇ 保持库房环境卫生整洁,备件摆放整齐,符合备件管理的要求,确保先进先出,标识清晰; ◇ 负责旧件的回收工作,原则上实行以旧领新; ◇ 及时向部门负责人汇报工作情况

复习思考题

一、填空题

1. 根据对服务推广的顾客参与程度分类,服务可分为:＿＿＿＿＿＿＿、＿＿＿＿＿＿＿、低接触性服务。

2. 与物质产品相比较,顾客在购买服务之前,一般不能看到、听到、嗅到、尝到或者感觉到,这是指服务的＿＿＿＿＿＿性。

3. 服务生产过程与消费过程同时进行,消费与生产在时间上不可分离,这是指服务的＿＿＿＿＿＿性。

4. 服务的构成成分及其质量水平经常变化,很难统一界定,这是指服务的＿＿＿＿＿＿性。

5. 服务既不能在时间上储存,也不能在空间上转移,这是指服务的＿＿＿＿＿＿性。

6. 服务生产消费过程中不涉及任何有形产品所有权的转移,这是指服务的＿＿＿＿＿＿性。

二、简答题

1. 服务顾问的岗位职责是什么?

2. 汽车售后服务常见的经营模式有哪些?

模块 **2** 汽车售后服务礼仪

[学习目标]

1. 掌握服务礼仪的知识。
2. 能规范日常礼仪。
3. 能规范接待客户。

[学习内容]

1. 职业形象。
2. 肢体礼仪。
3. 社交礼仪。

任务 2.1　职业形象

良好的个人形象是成功的象征。我们处于商品经济高度发展的时代,企业要包装,商品要包装,个人形象也要包装。个人形象可以真实地体现个人教养和品味;个人形象也客观地反映了个人精神风貌和生活态度;个人形象还如实地展现了对待交往对象所重视的程度;个人形象更代表着其所在团队的整体形象的一部分。

2.1.1　第一印象

第一印象效应是由美国心理学家洛钦斯首先提出的,也称"首轮效应",指交往双方形成的第一次印象对今后交往关系的影响,也是"先入为主"带来的效果。虽然这些第一印象并非总是正确的,但却是最鲜明、最牢固的,并且决定着以后双方交往的进程。

拓展知识

洛钦斯实验

美国社会心理学家洛钦斯(A. S. Lochins)1957年以实验证明了首轮效应的存在。他用两段杜撰的故事做实验材料,描写的是一个叫"詹姆"的学生的生活片段。一段故事中把詹姆描写成一个热情并且外向的人,另一段故事则把他写成一个冷淡而内向的人。两段故事如下:

詹姆走出家门去买文具,他和他的两个朋友一起走在充满阳光的马路上,他们一边走一边晒太阳。詹姆走进一家文具店,店里挤满了人,他一边等待着店员对他的注意,一边和一个熟人聊天。他买好文具在向外走的途中遇到了熟人,就停下来和朋友打招呼,后来告别了朋友就走向学校。在路上他又遇到了一个前天晚上刚认识的女孩子,他们说了几句话后就分手告别了。

放学后,詹姆独自离开教室走出了校门,他走在回家的路上,路上阳光非常耀眼,詹姆走在马路阴凉的一边,他看见路上迎面而来的是前天晚上遇到过的那个漂亮的女孩。詹姆穿过马路进了一家饮食店,店里挤满了学生,他注意到那儿有几张熟悉的面孔,詹姆安静地等待着,直到引起柜台服务员的注意之后才买了饮料,他坐在一张靠墙边的椅子上喝着饮料,喝完之后他就回家去了。

洛钦斯把这两段故事进行了排列组合:

一种是将描述詹姆性格热情外向的材料放在前面,描写他性格内向的材料放在后面;

一种是将描述詹姆性格冷淡内向的材料放在前面,描写他性格外向的材料放在后面;

一种是只出示那段描写热情外向的詹姆的故事;

一种是只出示那段描写冷淡内向的詹姆的故事。

洛钦斯将组合不同的材料分别让水平相当的中学生阅读,并让他们对詹姆的性格进行评价。结果表明,第一组被试中有78%的人认为詹姆是个比较热情而外向的人;第二组被试只有18%的人认为詹姆是个外向的人;第三组被试中有95%的人认为詹姆是外向的人;第四组只有3%的人认为詹姆是外向的人。

研究证明了第一印象对认知的影响。在首轮效应中,对情感因素的认知常常起着十分重要的作用。人们一般都喜欢那些流露出友好、大方、随和情感的人,因为在生活中,我们都需要他人尊重和注意,这个特点在儿童身上表现得最为明显,小孩子都喜欢第一次见了他就笑呵呵的人,如果再给予相应的赞扬,那么儿童就会更加地高兴。

20世纪80年代,北欧航空卡尔森总裁提出:平均每位客户在接受其公司服务的过程中,会与五位服务人员接触,平均每次接触的短短15 s,就决定了整个公司在客户心中的印象。故定义:与客户接触的每一个时间点即为关键时刻,它是从人员的A(Appearance)外表、B(Behavior)行为、C(Communication)沟通三方面着手,这三方面给人的第一印象所占的比例分别为外表52%、行为33%、沟通15%,是影响客户忠诚度及满意度的重要因素,如图2.1所示。

人们见面后5 s内就会对对方形成第一印象。美好的第一印象永远不会有第二次。好的第一印象胜过完美的外部包装。与客户初次见面,可能会成就一笔完美的交易,会是一个良好关系的开端;但也可能是一扇大门永远地向你或你所提供的产品和服务关闭。更为重要的是,事后对方会对你品头论足,将这种糟糕的感觉传递给公司里所有的人。这就是"病毒式营销"的概念,不管你实际的销售手段多么有力,隐藏其后的失败印象将被公司议论纷纷。

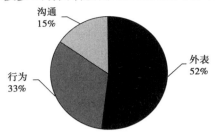

图 2.1　第一印象因素

2.1.2　仪容仪表

(1)仪容

1)发型

女员工的头发,前不过眉,发型自然,留长发应束起,盘于脑后,佩戴统一发饰。不做奇异发型,不染奇异发色,禁止披头散发。男员工的头发,前不过眉、侧不过耳、后不触衣领,不留长发,不剃光头,不染异色。

2)妆容

女员工上班须施淡妆、不得浓妆。淡妆的基本标准:抹粉底、涂腮红、涂口红,禁止浓妆艳抹。男员工上班须洁面,刮脸。男员工不蓄胡须,注意修剪鼻毛。

3)手部要求

勤洗手,保持手部清洁;不留长指甲,勤修剪;不涂有色指甲油,以透明色或肉色为宜。

4)个人卫生

保持口齿清洁,保持口气清新,要勤洗澡保证身上无异味。

(2)仪表

生活中人们的仪表非常重要,它反映出一个人的精神状态和礼仪素养,是人们交往中的"第一形象"。天生丽质、风仪秀整的人毕竟是少数,然而却可以靠化妆修饰、发式造型、着装佩饰等手段,弥补和掩盖在容貌、形体等方面的不足,并在视觉上把自身较美的方面展露、衬托和强调出来,使形象得以美化。服饰反映了一个人文化素质之高低,审美情趣之雅俗。具体说来,它既要自然得体、协调大方,又要遵守某种约定俗成的规范或原则。服装不但要与自己的具体条件相适应,还必须时刻注意客观环境、场合对人的着装要求,即着装打扮要优先考虑时间、地点和目的三大要素,并努力在穿着打扮的各方面与时间、地点、目的保持协调一致。

TPO 是英文 Time Place Object 三个词首字母的缩写。T(Time)代表时间、季节、时令、时代;P(Place)代表地点、场合、职位;O (Object)代表目的、对象。着装的 TPO 原则是世界通行的着装打扮的最基本的原则。它要求人们的服饰着装要与时间、季节相吻合,符合时令;要与所处场合环境,与不同国家、区域、民族的不同习俗相吻合;符合着装人的身份;要根据不同的交往目的,交往对象选择服饰,给人留下良好的印象。根据 TPO 的着装原则,着装规律有:

①符合身份:重要场合要穿质地高档的服装。

②扬长避短：要会遮丑，如长脸不穿 V 形领等。

③区分场合：如工作、社交、休闲场合。

④遵守常规：不穿奇装异服。

1）男士着装

一般来讲，正规场合男士应穿西装或休闲西装，高大魁梧的男士最好穿深色系西装。一般地，深色西服，配浅色衬衫和鲜艳、中深色领带；中深色西服，配浅色衬衫和深色领带；浅色西服，配中深色衬衫和深色领带。

①西装

A. 搭配原则："两个单色，一个图案"

在西服的穿着中，讲究"两个单色，一个图案"，也就是说，在西服套装、衬衣、领带中，最少要有两个单色，最多一个图案。举例来说，如果领带是带图案的，那么西服和衬衣一定是单色的，不能带图案；如果西服套装是带条纹的，则领带和衬衣都应该是单色的；否则就会显得太花哨。另外，这三件中最好有一种颜色跳出来，不能同一色系，分不出彼此。

B. 三个"三"原则

a. 三色原则：全身穿着限制在三种颜色之内。

b. 三一定律：鞋子、皮带、公文包一个颜色。

c. 三大禁忌：忌衣袖商标未摘掉，忌西装与皮鞋不相配，忌不打领带。

C. 西装纽扣的扣法

单排扣的西服基本遵循扣上不扣下的原则，即：

a. 一粒扣：可扣可不扣；

b. 两粒扣：扣上面第一粒或都不扣；

c. 三粒扣：扣上面两粒或只扣中间一粒或都不扣；

d. 四粒扣：扣中间两粒或都不扣。

②衬衫

衬衫颜色应与西装颜色配合，"白衬衣是男士永远的时装"。

衬衫应该合体，当试穿一件新衬衫时，系上最上一粒纽扣，如果能伸进去一个手指到两个手指，就是较合适的，否则不是过紧就是过松。而西服套装的领子应该是紧贴后颈的，离得越远，则越不合体。

衬衫的领子应露在西服领子外 1.5 cm 左右，当你抬起手臂时，衬衫的袖口也应露出西服袖口外 1.5 cm 左右。以保护西服的清洁。

当打上领带时，衬衫的领口和袖口都应该系上。如果取下领带，领口的纽扣一定要解开。

衬衣的下摆一定要塞到裤腰里，将衬衣下摆放到外面，显得很没有精神。

③领带

当站立时，领带的长度要及皮带或皮带扣下端 1~1.5 cm，过短和过长都不合适。领带结的大小应与衬衫领口敞开的角度相配合。大敞口配大领结，小敞口配小领结。

④鞋

正式西服不应配休闲鞋。非皮鞋款式和浅色的皮鞋都属于休闲鞋。

黑色的皮鞋最为正式，而且搭配任何西装都没错，甚至是浅色的休闲西服都可以。浅色的皮鞋只能搭配浅色的休闲西服。

⑤袜子

与鞋一样，穿正式西服时应配以深色的袜子，最好是黑色的。这样与全身服装的颜色也能顺承下来,不会造成颜色的断档。袜子的质地可以是棉的、毛的或真丝的,但不应是尼龙的。

正规场合不能穿白袜子,除非穿白西装、白皮鞋,否则不能穿白袜子,因为反差太大。袜子的颜色以和皮鞋一个颜色为最佳。白色的棉袜一般被认为是运动袜,应配休闲服或浅色的休闲西装。

选择袜子还要注意长短,最好选择长及小腿肚的中长袜。如果当蹲下来时,在袜子和裤子之间还露一截毛茸茸的腿,那是极不雅观的。

2)女士着装

作为职业女性,在外表上也要特别注意职业形象,体现自己在工作中的信誉和高效,表现出专业人员的权威性,同时符合企业文化,在个性表现和群体合作上求得平衡。在日间正式场合,与男士相同,以西式套装为主,下半身可以改穿窄裙代替长裤,其质地、裁剪需要完全与上衣相同,颜色方面则可以稍加变化,浅色系亦无不可。花色也可以表现得较活泼一些。长短须合宜,这点十分重要,太长会显得保守呆板,太短则显得轻浮、轻佻。

①女士裙装穿着四大禁忌

a. 黑皮裙;

b. 裙子、鞋子、袜子不协调;

c. 光腿穿裙子;

d. 三截腿。

②首饰佩戴中还要讲究四个原则

a. 符合身份

三类首饰不能佩戴:

第一类:影响职业操作;

第二类:炫耀财力;

第三类:炫耀性别优势。

b. 数量不能超过三件

每种不多于两件(如耳环、手镯),总数量不超过三件。比如,戴了一副耳环,那么最多只能再戴一条项链。

c. 同质同色

两种或两种以上的首饰时,应该同质同色,如果达不到同质同色,至少也要同色。

d. 符合习俗的规定

十字架形的挂件在国际交往中不宜佩戴。

 案例

一位女推销员在美国北部工作,一直都穿着深色套装,提着一个男性化的公文包。后来她调到阳光普照的南加州,她仍然以同样的装束去推销商品,结果成绩不够理想。后来她改穿色彩淡的套装和洋装,换一个女性化一点的皮包,使自己有亲切感,着装的这一变化,使她的业绩提高了25%。可见,服饰和工作业绩也有直接关系。

任务 2.2 肢体礼仪

2.2.1 站姿礼仪

在日常的公关与社交活动场所,良好的站姿是非常重要的。一般来说,标准的站姿关键要看三个部位:一是髋部向上提,脚趾抓地;二是腹肌、臀肌收缩上提,前后形成夹力;三是头顶上悬,肩向下沉。只有这三个部位的肌肉力量相互制约,才能保持标准站姿。针对不同的群体,标准站姿的侧重点也不一样。

根据以上标准站姿的要求,男性的标准站姿应该是,身体立直,挺胸抬头,下颌微收,双目平视,两膝并严,脚跟靠紧,脚掌分开呈"V"字形。挺髋立腰,吸腹收臀,双手置于身体两侧自然下垂;或者是两腿分开,两脚平行,双腿分开的距离不能超过肩宽,双手在身后交叉,右手搭在左手上并贴在臀部。同样,女性的标准站姿应该是,双脚成"V"字形,并且膝和脚后跟尽量靠拢;或一只脚略向前,一只脚略向后,前脚的脚后跟稍稍向后脚的脚内侧靠拢,后腿的膝盖向前腿靠拢,如图 2.2 所示。

图 2.2 站姿

这些站姿都是规范的,但要避免僵直硬化,肌肉不能太紧张,在站立的同时可以适宜地变换姿态,追求动感美。还要注意,站立时不要躬腰驼背或挺肚后仰,也不要东倒西歪地将身体倚在其他物体上,两手不要插在裤袋里或叉在腰间,也不要抱臂于胸前。

2.2.2 坐姿礼仪

标准的坐姿是人们将自己的臀部置于椅子、凳子、沙发或其他物体之上,以支撑自己身体,双脚则需放在地上。坐的姿势从根本上看,是一种静态的姿势,对广大服务人员而言,无论是工作还是休息,坐姿都是经常采用的姿势,如图 2.3 所示。

图 2.3　坐姿

坐姿的基本要求如下:

①坐下后,上身挺直,微向前倾,双肩放松。大腿与小腿,小腿与地面均呈直角。目光平视前方或交谈对象,面带微笑。

如果条件允许,入座时最好从座椅的左侧靠近。这样做是一种礼貌,而且也容易就座。

②到座位前自然转身,右脚向后撤半步,安稳坐下。

③女士入座时,若是穿着裙装,先将裙角向前收拢,不要坐下后再起身整理。入座时,一般只占座位的三分之二,身体稍向前倾,表示尊重和自谦。若是坐在较软的沙发上,应坐于沙发前端,如果往后仰,则显得对客户不尊重。

④入座后,双手相交或轻握放于腹部或腿上。男士的双腿应自然分开,两膝平行,间距一掌为宜,小腿基本与地面垂直,勿超过肩宽,勿半躺在椅子或沙发上。女士应两腿并拢,双脚同时向左或向右放。若长时间端坐,可将两腿交叉重叠,但要注意上面的腿向内回收,脚尖向下。

2.2.3　行姿礼仪

行姿是一种动态的姿势,是立姿的一种延续,行姿可以展现人的动态美。在日常生活或公众场合中,走路都是浅显易懂的肢体语言,它能够将一个人的韵味和风度表现出来。

正确的行姿能够体现一个人积极向上、朝气蓬勃的精神状态。正确的行姿是要靠正确的站姿作为基础的,如图 2.4 所示。

走路时,上身应挺直,头部要保持端正,微收下颌,两肩应保持齐平,挺胸、收腹、立腰。双目也要平视前方,表情自然,精神饱满。行路时步态是否美观,关键取决于步度和步位。行进时前后两脚之间的距离称为步度,在通常情况下,男性的步度大约为 25 cm,女性的步度大约为 20 cm。女性的步度也与服装、鞋之间有关系。通常来讲,以直线条为主的服装特点是:庄重大方、舒展矫健;以曲线为主的服装特点是:柔美妩媚、飘逸优雅。行走时脚落地的位置是步位。行路时最佳步位是两脚踩在同一条直线上,并不走两条平行线。女性走路之时,倘若两脚

图2.4　行姿

分别踩两条线走路,则是有失大雅的。步态美的一个重要方面是步速稳健。要使步态保持优美,行进速度应该是保持平稳、均匀,过快过慢都是不允许的。步韵也非常讲究。在行进过程中,膝盖和脚腕要有弹性,腰部理应成为身体重心移动的轴线,双臂要轻松自然地摆动。身体各部位之间要保持动作和谐,使自己的步调一致,显得优美自然一些,否则就显得没有节奏。

行姿礼仪的注意事项如下:

(1)互相礼让

在行走过程中,如有急事需要超越别人,要从旁边绕过,不可强行闯过,最好应轻声招呼,不慎撞了行人应该表示道歉。

(2)礼宾次序

二人同行,前为尊,后为卑,右为大,左为小;三人并行以中央为尊,右边次之,左边又次之;男女同行,进出门口,男士礼让女士先行。如果出入电梯门,女士则应先进后出。推门下车或在黑暗区域通过时,男士应该率先行。在餐会上,男士应该让女士先行,以便介绍或就座。男女二人在街上并行时,男士应该让女士走在比较安全的一边,即男士应该走靠马路车辆来往的一边。在平时,应该遵循男左女右的原则。男士若与两位女士搭伴同行,不能走在中间,应该走在最左边。如果路窄只允许一个人通过,男士应该在女士身后行走。两男一女行走,可让女士在中间行走。

(3)主动问候

行路过程中碰到好朋友,要与其主动打招呼互致问候,但是切不能高声喊叫,以免使路人受到影响;遇见熟人应该点头施礼;遇见尊者,可以停下说话;如果遇到老幼病残应该在行路中提供帮助;如果遇到久别的故交,寒暄之后如果想要交谈,应该主动走到路边,不宜在道路当中或人多拥挤的地方说话,更不能将路口堵塞。

(4)不雅行姿

在正式场合,有几种行姿需要避免:行走时切忌摇头晃脑,身体不能左右摆动,脚尖不能向内或向外,摆着"鸭子"步;或者弓背弯腰,六神无主;双手插在衣服口袋、裤袋之中,双手掐腰或倒背双手;或东张西望,左顾右盼,指手画脚,对人品头论足;与几个人一路同行,勾肩搭背,或者蹦跳,或者大喊大叫;等等。

2.2.4　蹲姿礼仪

(1)蹲姿的基本要求

①下蹲拾物时,应自然、大方、得体,不遮遮掩掩。

②下蹲时,两腿合力支撑身体,避免滑到。

③下蹲时,应使头、胸、膝关节在一个角度上,使蹲姿优美。

④女士无论采用哪种蹲姿,都要将腿靠紧,臀部向下。

(2)四种蹲姿方式

1)高低式蹲姿

男士在选用这种方式时更为方便,女士也可选用这种方式,如图2.5所示。高低式下蹲时,两腿不并排在一起,而是左脚在前,右脚在后。左脚应完全着地,小腿基本垂直与地面;右脚则应脚掌着地,脚跟提起;此时,右膝低于左膝,右膝内侧可靠于左小腿的内侧,形成左膝高右膝低的姿态;臀部向下,基本上用右腿支撑身体。

图2.5　高低式蹲姿　　　　　　　图2.6　交叉式蹲姿

2)交叉式蹲姿

交叉式蹲姿适用于女士,尤其是穿短裙的时候,如图2.6所示。它的特点是造型优美典雅,其特征是蹲下后双腿交叉在一起。交叉式下蹲时,右脚在前,左脚在后,右小腿垂直与地面,全脚着地,右腿在上,左腿在下,二者交叉重叠;左膝由后下方伸向右侧,左脚跟抬起,并且脚掌着地;两脚前后靠近,合力支撑身体;上身略向前伸,臀部朝下。

3)半蹲式蹲姿

一般在行走时临时采用,如图2.7所示。它的正式程度不及前两种蹲姿,是在应急时采用。基本特征是:身体半立半蹲,要求在下蹲时,上身稍许弯下,但不要和下肢构成直角或锐角;臀部务必向下,不能撅起;双膝略为弯曲,角度一般为钝角,身体的重心应放在一条腿上,两腿之间不要分开过大。

图 2.7　半蹲式蹲姿　　　　　　　　　　　图 2.8　半跪式蹲姿

4）半跪式蹲姿

半跪式蹲姿又称"单膝式"蹲姿,也是一种非正式蹲姿,如图 2.8 所示。多用于下蹲时间较长或为了用力方便时,两腿一蹲一跪。主要要求在下蹲后,改为一腿单膝着地,臀部坐在脚后跟上,以脚尖着地。另外一条腿应当全脚着地,小腿垂直于地面。双膝应同时向外,双腿应尽力靠拢。

（3）蹲姿注意事项

①不要突然下蹲,蹲下来时,不要速度过快。当自己在行进中需要下蹲时,要特别注意这一点。

②不要离人太近。在下蹲时,应和身边的人保持一定距离。与他人同时下蹲时,更不能忽略双方的距离,以防彼此迎头相撞或发生其他误会。

③不要方位失当。在他人身边下蹲时,最好是与他人侧身相向。正面他人或者背对他人下蹲,通常都是不礼貌的。

④不要毫无遮掩。在大庭广众面前,尤其是身着裙装的女士,一定要避免隐私部位毫无遮掩的情况,特别是要防止大腿叉开。

2.2.5　手势礼仪

（1）基本手势

规范的手势应当是手掌自然伸直,掌心向内或向上,手指并拢,拇指自然稍稍分开。手腕伸直,使手与小臂成一直线,手大小臂的弯曲以 140° 为宜,手掌与地面基本形成 45°。

（2）引导手势

"直臂式"手势:将左手或右手提至齐胸高度,手指并拢,掌心向上,朝欲指示的方向伸出前臂,轻声说"您请"。

（3）"请进"手势

"横摆式"手势:手指并拢,拇指自然稍稍分开,手掌与地面基本形成 45°。手腕伸直,使手与小臂成一直线,手大小臂的弯曲以 140° 为宜。

（4）"请"手势

"前摆式"手势:掌心向上,手臂由体侧向体前方自下而上地抬起,当上臂抬至与身体 45° 夹角时,然后手臂摆到手与身体相距 20 cm 处停住。

（5）"诸位请"手势

"双臂横摆式"手势:两臂从身体两侧向前上方抬起,两肘微曲,向两侧摆出。指向前方向一侧的手臂应抬高一些,伸直一些,另一手臂稍低一些,弯曲一些。

（6）"请坐"手势

"斜摆式"手势：用双手扶椅背将椅子拉出，然后左手或右手屈臂由前抬起，以肘关节为轴，前臂由上向下摆动，使手臂向下成一斜线，表示请来宾入座。

（7）递物、接物手势

主动上前，双手递接。递接资料或名片，应保持正面在上，其他物体应置物体方便递接的方式。

（8）"介绍"手势

手心朝上，手背朝下，四指并拢，拇指张开，手掌基本上抬至肩的高度，并指向被介绍的一方。

（9）鼓掌手势

鼓掌时，用右手掌轻击左手掌，表示喝彩或欢迎。

（10）道别手势

挥手道别时，身体站直，目视对方，手臂前伸，掌心向外，左右挥动。

2.2.6　微笑礼仪

良好的第一印象来源于人的仪表和谈吐，但更重要的是取决于人的表情。微笑则是表情中最能赋予人好感、增进沟通情感和愉悦心情的表现方式，能充分体现一个人的热情、修养和魅力，从而得到他人的信任和尊重。

国际标准微笑的要求是别人在离你 3 m 时就可以看到你绝对标准迷人的微笑。面容和祥，嘴角微微上翘，露出上齿自然、整洁的的八颗或者六颗牙齿，如图 2.9 所示。

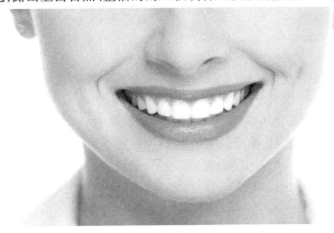

图 2.9　标准微笑

微笑是可以训练出来的，常见的微笑动作要领如下：

①额肌收缩，眉位提高，眼轮匝肌放松。

②两侧夹击，和颧肌收缩，肌肉稍隆起。

③面部两侧笑肌收缩，并略向下拉伸，口轮匝肌放松。

④嘴角含笑并微微上提，嘴角是闭非闭，以不露齿或仅露不到半牙为宜。

⑤面含笑意，但笑容不显著，使嘴角微微向上翘起时，让嘴唇略显弧形。

⑥注意不要牵动鼻子，不发出笑声。

案例

希尔顿的微笑服务

美国"旅馆大王"希尔顿于1919年把父亲留给他的一千多美元连同自己挣来的几千美元投资出去,开始了他雄心勃勃的经营旅馆生涯。当他的资产从几千美元奇迹般地增值到几千万美元的时候,他欣喜而自豪地把这一成就告诉母亲,想不到母亲却淡然地说:"依我看,你跟以前根本没有什么两样,事实上你必须把握比5 100万美元更值钱的东西:除了对顾客诚实之外,还要想办法使来希尔顿旅馆的人住过了还想再来住,你要想出这样一种简单、容易、不花本钱而行之久远的办法去吸引顾客。这样你的旅馆才有前途。"

母亲的忠告使希尔顿陷入迷惘:究竟什么办法才具备母亲指出的"简单、容易、不花本钱而行之久远"这四大条件呢?他冥思苦想,不得其解。于是他逛商店、串旅店,以自己作为一个顾客的亲身感受,得出了准确的答案:"微笑服务"。只有它才是实实在在的同时具备母亲提出的四大条件。从此,希尔顿开始实行微笑服务这一创新的经营策略。每天他对服务员的第一句话是"你对顾客微笑了没有?"他要求每个员工不论如何辛苦,都要对顾客投以微笑,即使在旅店业务受到经济萧条的严重影响的时候,他也经常提醒职工记住:"万万不可把我们心里的愁云摆在脸上,无论旅馆本身遭受的困难如何,希尔顿旅馆服务员脸上的微笑永远是属于旅客的阳光。"

为了满足顾客的要求,希尔顿"帝国"除了到处都充满着"微笑"外,在组织结构上,希尔顿尽力创造一个尽可能完整的系统,以便成为一个综合性的服务机构。因此,希尔顿饭店除了提供完善的食宿外,还设有咖啡厅、会议室、宴会厅、游泳池、购物中心、银行、邮电局、花店、服装店、航空公司代理处、旅行社、出租汽车站等一套完整的服务机构和设施,使得到希尔顿饭店投宿的旅客真正有一种"宾至如归"的感觉。当他再一次询问他的员工们:"你认为还需要添置什么?"员工们回答不出来,他笑了:"还是一流的微笑! 如果是我,单有一流设备,没有一流服务,我宁愿弃之而去,住进虽然地毯陈旧,却处处可见到微笑的旅馆。"

2.2.7 目光礼仪

眼睛是人类面部的感觉器官之一,最能有效地传递信息和表情达意。在社交活动中,眼神运用要符合一定的礼仪规范,不了解它,往往被人视为无理,给人留下不良的印象。

(1)人际交往中的注视范围

与人交谈时,目光应该注视着对方,但应使目光局限于上至对方额头、下至对方衬衣的第二粒纽扣,左右以两肩为准的方框中。在这个方框中,一般有三种注视方式:

1)公务注视

一般用于洽谈、磋商等场合,注视的位置在对方的双眼与额头之间的三角区域。

2)社交注视

一般在社交场合,如舞会、酒会上使用。位置在对方的双眼与嘴唇之间的三角区域。

3）亲密注视

一般在亲人之间、恋人之间、家庭成员等亲近人员之间使用,注视的位置在对方的双眼和胸部之间。

(2)注视角度

在商务礼仪中,既要方便服务工作,又不至于引起服务对象的误解,就需要有正确的注视角度。

1）正视对方

在注视他人时,与之正面相向,同时还须将身体前部朝向对方。正视对方是交往中的一种基本礼貌,其含义表示重视对方。

2）平视对方

在注视他人时,目光与对方相比处于相似的高度。在服务工作中,平视服务对象可以表现出双方地位平等和不卑不亢的精神面貌。

3）仰视对方

在注视他人时,本人所处的位置比对方低,就需要抬头向上仰望对方。在仰视对方的状况下,往往可以给对方留下信任、重视的感觉。

(3)注视时间

与对方目光接触的时间占和对方相处的总时间的 1/3 比较好,每次看对方的眼睛 3 s 左右,这样让人感觉很自然。

无论是熟人还是初次见面,在问候、致意、道别时都要面带微笑,同时用柔和的目光注视对方,以示尊敬和礼貌。

切忌:勿长时间注视对方,或回避对方目光(心里有鬼)。

随着话题的转换,采用及时恰当的目光反应。

任务 2.3　社交礼仪

2.3.1　用语礼仪

古人说:“良言一句三冬暖,恶语伤人六月寒。”可见择言选语是何等重要。

现代职场中,人际交往贯穿职业生涯始终。如果能考虑到人们的感受,运用恰当的说话方式,不仅能更方便地达到预期的结果,还能塑造专业形象,建立良好关系。

即使再硬再冰冷的椅子,只要有了柔软的垫子就可以坐得舒服。语言也是同样的道理,职场中使用软垫式言辞,也就是在乎对方感受,引导对方的言辞,就如同坐在柔软的垫子上,柔软地传达意思,达到目标。

沟通靠语言和声音来吸引对方,语气像表情一样,可以增强语言的感染力,包括声调、语速等,可以增加语言的效果。用语规范如下:

声音:面带微笑,使用轻松愉快的声音与客户交流。

语气:轻柔委婉,态度自然诚恳。

音量:音量适中,以对方听清为宜。

措辞:措辞精练恰当。

语速:语速适中,吐字约 120 个/min。

发音:吐字清楚、易懂。

语调:发声自然、积极热情,给人亲近之感。

在沟通交流中,应正确使用文明用语:语气清晰,声音柔和,语言准确,简练清楚;面带微笑,态度和蔼亲切,注意语言与表情一致;不左顾右盼,要垂手恭立,距离适当,注视脸的三角区;承诺客人的事力争办到,不能明确回复的及时请示,不能随意承诺,说话应文明礼貌。

(1)礼貌用语

见面语:早上好、下午好、晚上好、您好、很高兴认识您、请多指教

感谢语:谢谢、感谢您,让您费心了

拜托语:请多关照、拜托了、麻烦您了、承蒙关照

慰问语:辛苦了、受累了

赞赏语:很棒、真棒、很好、太好了

祝贺语:恭喜、祝您成功

致歉语:抱歉、对不起、请原谅、请多包涵

告别语:再见、晚安、明天见、祝您旅途愉快、祝您一路平安、欢迎您下次再来

(2)同事之间的问候

早晨上班时,大家见面应相互问候。一天工作的良好开端应从相互打招呼、问候开始。公司员工早晨见面时要互相问候"你好""早上好""早晨好"等。下班时应相互打招呼后再离开,如"明天见""再见""Bye-Bye"等。

(3)接待用语

1)基本用语

接待工作中的基本用语见表 2.1。

表 2.1　基本用语

基本用语	情　景
"您好"	见面用语
"欢迎光临""您好,有什么可以帮到您"	前台接待人员见到客人来访时使用
"对不起,请问……"	让客人等候时使用,态度要温和且有礼貌
"让您久等了"	无论客人等候时间长短,均应向客人表示歉意
"麻烦您,请您……"	如需让客人登记或办理其他手续,应使用此语
"不好意思,打扰一下……"	需要打断客人或其他人谈话的场合时使用,需要注意语气
"谢谢""非常感谢"	对其他人所提供的帮助或支持,均应表示感谢
"再见""欢迎下次再来"	客人告辞或离开时使用

2)常用语

"您好""谢谢你""对不起""请""别客气""请问""请原谅""请留步""请稍等""请指教"

"请关照""早上好""下午好""晚上好""很高兴认识您""劳驾了""让您费心了,实在过意不去""拜托了""麻烦您""感谢您的帮助""很抱歉""请稍等""请多包涵""××先生或××小姐""××经理或××主任"。

3)介绍用语

常用介绍用语见表2.2。

表2.2　常用介绍用语

介绍类型	相应内容	示　例
自我介绍(在不妨碍他人工作和交际的情况下进行)	介绍内容:公司名称、职位、姓名	您好!我是××公司的服务顾问,我叫××
	给对方一个自我介绍的机会	请问我应该怎么称呼您呢?
介绍他人(介绍时,不可单指指人,而应掌心朝上,拇指微微张开,指尖向上。避免对某人过分赞扬。坐着时,除职位高者、长者或女士外,应起立。但在会议或宴会进行中不必起立,被介绍人只要微笑点头示意即可)	顺序:把职位低者、晚辈、男士、未婚分别介绍给职位高者、长辈、女士和已婚	李总,这是我们公司服务顾问××
	用语:国际惯用敬语(姓名＋职位)	王总,请允许我向您介绍××
	被介绍者应面向对方,介绍完毕后与对方握手问候	您好!很高兴认识您

4)称呼

常用称呼用语见表2.3。

表2.3　常用称呼用语

称呼类别	示　例
国际惯例	称男性为先生,称未婚女性为小姐,已婚女性为女士、夫人、太太
中国特色	同志、大爷、大叔,大妈,大哥、大姐
根据姓氏加行政职务、技术职称、学位、职业来称呼	×总、×经理、×局长、×教授、×工、×博士、×律师

2.3.2　电话礼仪

电话是人类有史以来使用最频繁的通信设备,不但联络了人类的情感,促进彼此的交流,也是目前社会上不可或缺的生活必需品。虽然电话已发明了多年,普及率是如此之高,但是仍然有不少人不太懂得电话的基本礼貌,所以也可以这么说,只要听听电话的交谈内容,即可以判断一个人的教养水准。各大企业、公司,尤其是服务业,电话更可以说是生命线,因为有相当多的客户都是以接电话者的态度来判断这家公司值得信赖的程度。

服务人员在运用电话进行服务时,应符合服务礼仪的规范要求,做到彬彬有礼,用语得体,声音自然、亲切。

（1）接听电话

1）接听电话的基本原则

①铃响不过三：电话铃响三声之内接起电话，不要故意延迟，提起电话后，不要和周围人闲聊。

②左手拿听筒，右手拿笔：记录好对方来电的必要文字记录。

③主动说出公司名称和部门情况：接起电话，第一时间报出公司名称和部门，如"您好，这里是××公司××部门"。

④了解对方基本信息：确认对方公司、个人姓名、基本信息等。

确认来电目的：确认对方来电目的、具体情况、内容信息等，准确记录相关内容，并做好确认内容信息。随时记住 5W1H，即：When（何时）、Who（何人）、Where（何地）、What（何时）、Why（为什么）、How（怎么进行）。

⑤礼貌道谢，让来者先挂电话。

2）接听电话规范用语

接听电话规范用语见表2.4。

表2.4　接听电话规范用语

情　景	正确应对	错误应对
询问来电者的姓名	"请问您是哪位""请问您贵姓"	"你是谁？""你是哪个？""你叫什么？"
刚刚接听电话	"我能帮您做什么吗？""有什么需要帮忙的吗？"	"什么事？""干什么？""怎么？"
通话中你需要中断一下	"请您稍微等一下好吗？""对不起，现在有点急事，稍候一下好吗？"	"等一下""以后再打电话联系"
不能立即答复某事时	"对不起，我需要确认一下，稍候再给你回电，好吗？"	"我不能答复你""这事我不管，你问其他人"
当客户的要求不能做到时	"很抱歉，我能理解你，但目前我们只能按照规定办"	"对不起，我们办不到"
当不明白对方意思时	"对不起，请再说一遍，好吗？"	"我没听到，再说一遍"
对方找人，当事人不在	"不好意思，××不在办公室，需要留言吗？还是要他回您电话"	"他不在，你待会儿再打过来"
需要客户等待	"不好意思，请您稍等一下，好吗？"	"等会儿再打过来"
电话结束	"谢谢您的来电"（等对方先挂）	"再见"（"啪"，先挂掉电话）

3）接听电话的流程

接听电话的流程见表2.5。

表 2.5　接听电话流程

顺　序	基本用语	注意事项
拿起电话听筒,并告知公司(部门)和个人名称	"您好,这里是××公司,有什么可以帮到您的" "您好,××部门,我是××" "让您久等了,我是××部门××"	①电话铃响三声内接起 ②电话旁放好笔和纸 ③注意使用礼貌用语 ④音量适中,不要过高 ⑤语调平和,不能急促 ⑥语速适中,不可过快
确认对方	"您好,请问怎么称呼"	必须确认对方,如果是客户,应该表达感谢
听取对方来电何意	"是""好的""明白"等	必要时,应做好记录;谈话时,不要离题
进行确认	"我再和你确认一遍,好吗?""我重复一下刚刚的这些信息,好吗?"	确认时间、地点、事由、对象、需要准备的
结束语	"清楚了,感谢您的来电,再见""谢谢,再见"	注意礼貌用语,让对方先挂电话

(2) 拨打电话

拨打电话流程见表 2.6。

表 2.6　拨打电话流程

顺　序	基本用语	注意事项
准备		确认对方的姓名、电话号码;准备好要讲的内容,说话的顺序和所需的资料、文件;明确通话所要表达的目的
问候,告知自己的公司、部门、姓名	"您好,我是××公司××部门的××"	自我介绍:公司名称、部门名称、自己姓名,注意礼貌用语,是否打扰到对方
确认通话对象	"请问××先生在吗?""打扰您,我要找一下××先生"	必须确认通话对象,如是要找的对象,应重新问候
电话内容	"今天打电话,主要想向您确认一下……"	应将要告知的内容,告诉对方;如比较复杂的事情,请对方对时间、地点、注意事项等进行确认;总结要点,确认无误
结束语	"谢谢""打扰您了""再见"	语气诚恳,态度和蔼
放回电话		等对方放下电话,再轻轻放下电话

2.3.3　握手礼仪

(1) 握手方式

握手时,距对方约一步远,上身稍向前倾,两足立正,伸出右手,四指并拢,虎口相交,拇指张开下滑,向受礼者握手除了关系亲近的人可以长久地把手握在一起外,一般握两三下就行。不要太用力,但漫不经心地用手指尖"蜻蜓点水"式去点一下也是无礼的。

一般要将时间控制在 3~5 s。如果要表示自己的真诚和热情,也可较长时间握手,并上下摇晃几下。掌心向下握住对方的手,显示着一个人强烈的支配欲,无声地告诉别人,他此时处于高人一等的地位,应尽量避免这种傲慢无礼的握手方式。相反,掌心向里握手显示出一个人的谦卑和毕恭毕敬。平等而自然的握手姿态是两手的手掌都处于垂直状态,这是一种最普通也最稳妥的握手方式。

当你在握手时,不妨说一些问候的话,可以握紧对方的手,语气应直接而肯定,并在加强重要字眼时,紧握着对方的手,来加强对方对你的印象。

(2)握手的顺序

①长辈和晚辈之间,长辈伸手后,晚辈才能伸手相握;上下级之间,上级伸手后,下级才能接握;男女之间,女方伸手后,男方才能伸手相握,如果男方为长者,遵照前面说的方法;如果需要和多人握手,握手时要讲究先后次序,由尊而卑,即先年长者后年幼者,先长辈再晚辈,先老师后学生,先女士后男士,先已婚者后未婚者,先上级后下级。

②交际时如果人数较多,可以只跟相近的几个人握手,向其他人点头示意,或微微鞠躬就行。为了避免尴尬情况发生,在主动和人握手之前,应想一想自己是否受对方欢迎,如果已经察觉对方没有要握手的意思,点头致意或微鞠躬就行了。

③在公务场合,握手时伸手的先后次序主要取决于职位、身份;而在社交、休闲场合,它主要取决于年龄、性别、婚否。

④在接待来访者时,这一问题变得特殊一些:当客人抵达时,应由主人首先伸出手来与客人相握。而在客人告辞时,就应由客人首先伸出手来与主人相握。前者是表示"欢迎",后者就表示"再见"。这一次序颠倒,很容易让人发生误解。应当强调的是,上述握手时的先后次序不必处处苛求于人。如果自己是长者、上级,而年轻者或下级抢先伸手时,最得体的就是立即伸出自己的手,进行配合,而不要置之不理,使对方当场出丑。

(3)握手的位置

男士与男士握手,握手掌、虎口相对。男士与女士握手,男士握女士的手指。女士与女士握手,手指相握。

(4)握手的禁忌

①忌用左手相握。

②忌交叉握手。

③忌在握手时戴着手套或墨镜。

④忌在握手时另外一只手插在衣袋里或拿着东西。

⑤忌在握手时面无表情、不置一词或长篇大论、点头哈腰,过分客套。

⑥忌在握手时仅仅握住对方的手指尖,好像有意与对方保持距离。正确的做法,是要握住整个手掌,对异性,也要握住四指。

⑦忌在握手时将对方的手拉过来、推过去,或者上下左右抖个没完。

⑧忌拒绝和别人握手,即使有手疾或汗湿、弄脏了,也要和对方说一下"对不起,我的手现在不方便"以免造成不必要的误会。

2.3.4　名片礼仪

名片已成为人们社交活动的重要工具。因此,名片的存放、递送、接收、收纳也要讲究社交礼仪。

(1)名片递送礼仪

在商务社交场合,名片是一种委婉的自我介绍方式。递送名片时应将名片正面面向对方,双手奉上,眼睛应注视对方,面带微笑,并大方地说:"这是我的名片,请多多关照。"同时,也要注意递名片的顺序:由尊而卑,由近及远;如果是圆桌就从右侧开始,按顺时针方向依次进行。当与多人交换名片时,应依照职位高低的顺序,或是由近及远依次进行,切勿跳跃式进行,以免给对方有厚此薄彼之感。

(2)名片接受礼仪

接受名片时应起身,面带微笑,目视对方,双手接过名片。接过名片时应说"谢谢",接过名片一定要看一遍,以示尊重;然后,回敬对方一张本人名片。在对方离去之前或话题尚未结束时,不必急于将对方的名片收藏起来。

(3)名片管理

社交场合交换名片的目的是拓展人脉,寻找合作契机。因此,交换名片后的重要工作便是对名片的管理。接过他人的名片,不宜随手置于桌上,更不能在它上面压东西,否则被认为不恭;同时,尽量避免在对方的名片上书写不相关的东西,也不要无意识地玩弄对方的名片;接过他人名片时,要精心放入自己的名片夹或者上衣口袋,以示尊重。

(4)注意事项

①递送名片的之前,应先弄清对方身份比较好,这样显得比较自然,也容易拉近双方距离。

②切忌将名片当宣传单见人就散发,容易引起他人反感。

 案例

名片的失误

某公司新建的办公大楼需要添置一系列的办公家具,价值数百万元。公司的总经理已做了决定,向 A 公司购买这批办公用具。

这天,A 公司的销售部负责人打电话来,要上门拜访这位总经理。总经理打算等对方来了之后,就在订单上盖章,定下这笔生意。

不料对方比预定的时间提了 2 个小时,原来对方听说这家公司的员工宿舍也要在近期内落成,希望员工宿舍需要的家具也能向 A 公司购买。为了谈这件事,销售负责人还带来了一大堆的资料,摆满了台面。总经理没料到对方会提前到访,刚好手边又有事,便请秘书让对方等一会。这位销售员等了不到半小时,就开始不耐烦了,一边收拾起资料一边说:"我还是改天再来拜访吧。"

这时,总经理发现对方在收拾资料准备离开时,将自己刚才递上的名片不小心掉在了地上,对方却并没发觉,走时还无意从名片上踩了过去。但这个不小心的失误,却令总经理改变了初衷,A 公司不仅没有机会与对方商谈员工宿舍的设备购买,连几乎到手的数百万元办公用具的生意也告吹了。

A 公司销售部负责人的失误看似很小,其实是巨大而不可原谅的失误。名片在商业交际中是一个人的化身,是名片主人"自我的延伸"。弄丢了对方的名片已经是对他人的不尊重,更何况还踩上一脚,顿时让这位总经理产生反感,再加上对方没有按预约的时间到访,不曾提前通知,又没有等待的耐心和诚意,丢失了这笔生意也就不是偶然的了。

2.3.5 鞠躬礼仪

鞠躬既适合于庄严肃穆或喜庆欢乐的场合,又适合于一般的社交场合。随着社会文明的提高,鞠躬礼在人们的生活社交、商业服务中的使用越来越频繁,深深的表达对他人的敬意和感激之情。

(1)鞠躬的基本要求

①首先得站好,以良好的站姿为基础,双手置于在身前,双眼注视对方,面带微笑。

②行鞠躬礼时面对客人,并拢双脚,视线由对方脸上落至自己的脚前 1.5 m 处(15°礼)或脚前 1 m 处(30°礼)。男性双手放在身体两侧,女性双手交叉放在身体前面。

③鞠躬时必须伸直腰、脚跟靠拢、双脚尖处微微分开,目视对方,然后将伸直的腰背,由腰开始上身向前弯曲。

④鞠躬时,弯腰速度适中,之后抬头直腰,动作可慢慢做,这样令人感觉很舒服。

⑤行鞠躬礼要在距对方 2~3 m 的地方,在与对方目光交流的时候行礼,且行鞠躬礼时必须真诚地微笑。

(2)鞠躬的礼仪规范

1)欠身礼

①欠身礼:头颈背成一条直线,目视对方,身体稍向前倾。

②每天与同事第一次见面时:问候、行欠身礼。

③贵宾经过你的工作岗位时:问候、行欠身礼。

④给客人奉茶时:行欠身礼。

2)15°鞠躬礼

①头颈背成一条直线,双手自然放在裤缝两边(女士双手交叉放在体前),前倾 15°,目光约落于体前 1.5 m 处,再慢慢抬起,注视对方。

②在公司内遇到贵宾时:行 15°鞠躬礼。

③领导陪同贵宾到工作岗位检查工作时:起立、问候、行 15°鞠躬礼。

④行走时遇到客人问询时:停下、行 15°鞠躬礼、礼貌回答。

⑤在公司内遇到高层领导:问候、行 15°鞠躬礼。

3)30°鞠躬礼

①头颈背成一条直线,双手自然放在裤缝两边(女士双手交叉放在体前),前倾 30°,目光约落于体前 1 m 处,再慢慢抬起,注视对方。

②迎接客人时:问候、行 30°鞠躬礼。

③在会客室迎接客人时:起立问候,行 30°鞠躬礼,待客人入座后再就座。

④欢送客人时:说"再见"或"欢迎下次再来",同时行 30°鞠躬礼。目送客人离开后再

返回。

⑤在接受对方帮助表示感谢时,行 30°鞠躬礼,并说"谢谢!"。

⑥给对方造成不便或让对方久等时,行 30°鞠躬礼,并说:"对不起!"。

⑦向他人表示慰问或请求他人帮助时,行 30°鞠躬礼。

⑧前台人员接待客人:当客人到达前台 2～3 m 处,应起立、行 30°鞠躬礼、微笑问候,必要时为客人引路、开门。

4)鞠躬的禁忌

①忌边看着对方边鞠躬;

②忌边工作边致礼;

③忌一边摇晃着身体一边鞠躬;

④忌速度太快。

复习思考题

一、选择题

1.客户打来电话时,服务顾问接听电话正确的是(　　)。

A. 立即接听　　　　　　　　　　B. 在电话铃响三声之内接听

C. 在电话铃响三声以后接听　　　　D. 在客户未挂之前随时接听均可

2.与客户沟通时,眼睛应注视(　　)。

A. 对方的嘴　　　　　　　　　　B. 对方的额头

C. 对方的眼睛　　　　　　　　　D. 对方的鼻子

3.等客户入座后,在客户(　　)入座,并保持适当的距离。

A. 左侧　　　　　　　　　　　　B. 右侧

C. 正面　　　　　　　　　　　　D. 以上都对

4.入座时应坐椅子的(　　)。

A. 三分之一　　　　　　　　　　B. 三分之二

C. 四分之一　　　　　　　　　　D. 二分之一

二、多项选择题

1.与客户交流时应观察客户(　　)。

A. 外表、神态、年龄　　　　　　B. 言行举止

C. 陪同人的言行举止　　　　　　D. 兴趣、爱好

2.引发客户感兴趣的话题有(　　)。

A. 促销优惠活动　　　　　　　　B. 试乘试驾活动

C. 礼品发送　　　　　　　　　　D. 赏车会

3.关于员工仪容准备,下列描述正确的有(　　)。

A. 男员工不蓄胡须,勤剪短指甲

B.男员工裤线笔直,腰带在肚脐以上,不用个性夸张的皮带扣

C.可以佩戴首饰和与工作无关的胸花

D.女员工可以化淡妆,不戴夸张首饰,不留长指甲,指甲保持清洁

4.与客户沟通时要有良好的礼仪,下列描述正确的有(　　)。

A.不能叉着手　　　　　　　　B.脚或者背不能对着客户

C.不能依靠展车　　　　　　　D.要面带微笑

三、简答题

1.列举常用欢迎、送客礼貌用语(5个以上)和禁忌用语(5个以上)。

2.汽车营销人员的站姿、坐姿、行姿要求是什么?

模块 **3**

客户沟通技巧

[学习目标]

1. 了解沟通的概念和特点。

2. 了解沟通类型。

3. 掌握沟通技巧。

[学习内容]

1. 沟通的含义。

2. 沟通的技巧。

"一个人事业上的成功,15%靠他的专业技术,85%靠他的人际关系和处事技巧。"这是美国著名学者卡耐基所说,它表现了人际关系的重要性。

在职场中,要想做好工作、建立和谐的人际关系就要进行沟通。据研究表明,一个人每天60%~80%的时间在"说、听、读、写"等沟通活动上。而在售后服务中,60%的时间在沟通上,80%的问题出在沟通上,因此,在售后服务中,必须做好各方沟通,才能为客户提供满意而有效的服务。

任务 3.1 沟通的含义

3.1.1 什么是沟通

沟通是为了设定的目标,将信息、思想、情感在个人或群体之间传递,并达成协议的过程。即发送者要将其想表达的信息、思想和情感,发送给接收者;当接收者接到信息、思想和情感以后,会提出一些问题给对方一个反馈,这就形成一个完整的双向沟通的过程。图3.1描述了沟通的过程。

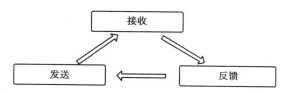

图3.1　沟通的过程

沟通,简单地说就是信息交流,是指一方将信息传递给另一方,期待其作出反应的过程。由此可见,与客户的沟通就是怎样准确地进行信息交流,从而达到沟通的目的。

3.1.2　沟通的三要素

沟通的三大要素为:要有一个明确的目标,达成共同的协议,沟通信息、思想和情感。

(1)要有一个明确的目标

只有大家有了明确的目标才叫沟通。如果大家来了但没有目标,那就不是沟通,是什么呢? 是闲聊天。如果没有区分出闲聊天和沟通的差异,就可能出现"某某,咱们出去随便沟通沟通"的情况。随便沟通沟通,本身就是一对矛盾。沟通就要有一个明确的目标,这是沟通最重要的前提。因此,在和别人沟通的时候,见面的第一句话应该说:"这次我找你的目的是……"沟通时说的第一句话要说出个人要达到的目的,这是非常重要的。

(2)达成共同的协议

沟通结束后一定要形成一个双方或者多方都共同达成的协议,只有形成了协议才称为完成一次沟通。如果没有达成协议,就不能称之为沟通。沟通是否结束的标志为:是否达成一个协议。在与别人沟通结束的时候,一定要用这样的话来总结:非常感谢您,通过刚才的交流我们现在达成了协议,您看是这样的一个协议吗? 这是沟通技巧的一个非常重要的体现,就是在沟通结束的时候一定要有人来做总结,这是非常良好的沟通行为。

(3)沟通信息、思想和情感

沟通的内容不仅仅是信息,还包括更加重要的思想和情感。信息、思想和情感哪一个更容易沟通呢? 是信息。

3.1.3　沟通的类型

在沟通过程中,根据沟通符号的种类分别有语言沟通和非语言沟通。

(1)语言沟通

语言是特有的一种非常好的、有效的沟通方式。语言的沟通包括口头语言、书面语言、图片或者图形。口头语言包括面对面的谈话、开会议等。书面语言包括信函、广告和传真,甚至现在用得很多的电子邮件等。图片包括一些幻灯片和电影等,这些都统称为语言的沟通。在沟通过程中,语言沟通对于信息的传递、思想的传递和情感的传递而言,更擅长的是信息的传递。

(2)非语言沟通

非语言沟通主要是肢体语言的沟通,包括动作、表情和眼神。实际上,在人们的声音里也包含着非常丰富的肢体语言。人们在说每一句话的时候,用什么样的音色去说,用什么样的抑扬顿挫去说等,这些都是肢体语言的一部分。

沟通的模式有语言和非语言这两种,语言更擅长沟通的是信息,非语言更善于沟通的是人与人之间的思想和情感。

与客户的沟通,必须准确掌握并灵活应用语言和非语言沟通,正确理解和听清客户的真实需求,确认客户的观点;同时,也必须从专业的角度,将自己的观点和解释表达清楚,把为客户提供的解决方案表达清楚。

3.1.4　沟通的本质

与客户沟通是双方进行信息交流的一个过程,是信息的双向交流,若要准确地传递信息,必须做到:听懂、说清。也就是双方必须准确地表达信息,同时也应准确地理解对方所表达的意思,这样才能做到有效沟通,如图 3.2 所示。

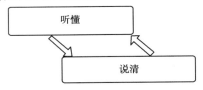

图 3.2　沟通的本质

有效沟通能否成立关键在于信息的有效性,信息的有效程度决定了沟通的有效程度。信息的有效程度又主要取决于以下几个方面:

(1)信息的透明程度

当一则信息应该作为公共信息时,就不应该导致信息的不对称性,信息必须是公开的。公开的信息并不意味着简单的信息传递,而要确保信息接收者能理解信息的内涵。如果以一种模棱两可的、含糊不清的文字语言传递一种不清晰的或难以使人理解的信息,对于信息接收者而言没有任何意义。另外,信息接收者也有权获得与自身利益相关的信息内涵,否则有可能导致信息接收者对信息发送者的行为动机产生怀疑。

(2)信息的反馈程度

有效沟通是一种动态的双向行为,而双向的沟通对信息发送者来说应得到充分的反馈。只有沟通的主、客体双方都充分表达了对某一问题的看法,才真正具备有效沟通的意义。

信息的透明程度,也就是是否将要表达的信息说清楚了;信息的反馈程度,也就是表达的信息对方是否听懂了。只有做到这两点,信息才进行了有效的传递,才具备沟通的意义。

任务 3.2　沟通技巧

沟通的过程是一个完整的双向沟通的过程,在发送、接收和反馈的过程中,需要注意的问题是:怎样做才能达到最好的沟通效果。

3.2.1　有效发送信息

在沟通过程中,发送的不仅仅是信息,还有思想和情感。在发送信息时,需要注意以下几个问题:

(1)选择有效的信息发送方式

当在工作中要发送一个信息时,首先要考虑到用什么方法去发送,而这些发送方法是在工作中经常用到的方法。

1）发送信息要考虑选择正确的方法

在沟通的过程中，为了完成一个良好的沟通效果，首先要选择正确的方法，因为不同方法之间的差异是非常大的。在任何一次沟通的过程中，都会传递信息、思想和情感。

2）发送方式要根据沟通内容侧重度来选择

例如：你的一份报告传给你的同事或交给你的上级，更多的是一种信息的沟通；在和客户一起沟通的过程中，更重要的是为了增加你与客户之间的感情和信任，在这个时候，信息是次要的，情感是主要的。因此，在选择方法的过程中，首先要考虑到内容本身是以信息为主还是以思想和情感为主，根据这两个不同内容来选择合适的方法。

 案例

一家著名的公司为了增进员工之间的相互信任和情感交流，规定在公司内部200 m之内不允许用电话进行沟通，只允许面对面的沟通，结果产生了非常好的效果，公司所有员工之间的感情非常融洽。同时，我们也看到，很多的IT公司和一些网站公司，它有非常好的沟通渠道：微信、QQ、E-mail、电话，但忽略了最好的沟通方式：面谈。致使在电子化沟通方式日益普及的今天，人和人之间的了解、信任和感情已非常淡化了。所以，不论作为一个沟通者还是作为一个管理者，你一定不要忘记使用面谈这种方式进行沟通。

（2）**要选择合适的时间**

选择恰当的沟通时间，应充分考虑对方的情绪。

（3）**确定信息内容**

传递信息内容有两种方式：一种是语言，另一种就是肢体语言。在同别人沟通时，你说什么话是很重要的，但只有加入相应的肢体语言，你所要传递的信息内容才会更加确切。只注重语言却不注重肢体语言，沟通效果不会很好。就像我们每一个人每天都会听到很多的口号，如："欢迎光临"。是否让你感觉到真正的"欢迎光临"呢？很少感觉到。人们接收到的仅仅是"欢迎光临"这四个字带来的信息，却没有肢体语言传递给客户的情感。所以说，在选择具体内容时，一定要确定要说哪些话，用什么样的语气、什么样的动作去说，这些在沟通中非常重要。

（4）**确定好接收信息的对象**

在发送信息时还需要考虑以下问题：

①谁是信息接收对象？

②怎样获得接收者的注意？

③接收者的观念是什么？

④接收者有什么需要？

⑤接收者的情绪如何？

（5）**确定好发送信息的场所**

发送信息时，还需要考虑在什么样的环境和场合下发送给对方。

现在对场地的选择已经越来越引起人们的关注。在实践中很多管理者已经越来越认识到:环境对沟通效果的影响非常大。但在人们工作中,特别是上下级之间的沟通,通常是在上级主管的办公室中进行,在这样的环境下进行沟通很多时候达不到好的效果。

案例

一家网站公司由于受全球经济危机的影响,公司经营受到严重打击,最后公司决定裁员。第一次裁员,地点选在公司的会议室,通知全部被裁人员到会议室开会,在会议上宣布被裁员,并且每一个人立即要拿走自己的东西离开办公室,公司所有被裁员工都感到非常沮丧,甚至包括很多留下的人也感到沮丧不已,极大地影响了公司的士气。

第二次裁员的时候,公司接受上次的教训,不是把大家叫到会议室里,而是选择了另外一种方式:单独约见被裁人员到星巴克咖啡厅。在这样的环境里说出公司的决策:由于公司的原因致使他暂时失去了这份工作,请他谅解,并给他一个月的时间寻找下一份工作。这次裁员的效果和上一次相比有天壤之别,基本上所有的员工得知这个消息后,都会欣然地去接受,并且表示,如果公司需要他的时候随时可以通知,他会毫不犹豫地再回到公司。那么,这样一种方式无论是给被裁者还是仍然留在公司的员工,他们得到的不仅仅是裁员这个信息,而是感受到公司对每一位员工的情谊。两次裁员,由于选择了不同环境,所得到的效果是截然不同的。

3.2.2 积极聆听

发送完信息后,对方就要去接收信息,即聆听。发送信息和聆听信息哪一个更重要一些呢?冷静地思考后你会发现,其实在沟通中听比说更重要。人们平时听别人说了很多的话,却没有认真去聆听对方真实传递的信息,导致沟通失败,所以说聆听是一种重要的非语言性沟通技巧。

(1)聆听的原则

在聆听的过程中,需要注意聆听的原则如下:

1)适应讲话者的风格

聆听者要适应讲话者的风格。每个人发送信息的时候,其说话的音量和语速是不一样的,我们要尽可能地适应他的风格,尽可能地接收更多、更全面、更准确的信息。

2)眼耳并用

聆听不仅仅用耳朵听,还应该用眼睛看。耳朵听到的仅仅是一些信息,而眼睛看到的是他人传递给我们更多的思想和情感,这是因为思想和情感需要通过更多的肢体语言来传递,所以听是耳朵和眼睛在共同工作。

3)双方理解

首先是要理解对方。听的过程中一定要注意,站在对方的角度去想问题。

4)鼓励他人表达自己

鼓励对方。在听的过程中,看着对方保持目光交流,并且适当地点头示意,表现出有兴趣聆听。

（2）有效聆听的四个步骤

1）准备聆听

首先，我们要采取开放式的态度，不要急于下结论；其次，准备聆听与我们不同的意见，从对方的角度想问题。

2）发出准备聆听的信息

通常在听之前会与讲话者有一个眼神上的交流，显示我们给予发出信息者的充分注意，这就告诉对方：我准备好了，你可以说了。要经常用眼神交流，不要东张西望，应该看着对方。

3）在沟通过程中采取积极的行动

积极的行动包括频繁地点头，鼓励对方去说。在听的过程中，也可以身体略微地前倾而不是后仰，这样是一种积极的姿态，这种积极的姿态表示着：我愿意去听，努力在听；同时，对方也会有更多的信息发送给我们。

4）与发出信息者确认自己的聆听结果

聆听的目的是理解对方全部的信息。在沟通的过程中，如果我们没有听清楚、没有理解时，应该及时告诉对方，请对方重复或者改述。

聆听技巧的四个步骤要点见表3.1。

表3.1　聆听技巧的四个步骤

具体步骤	检查要点
步骤1　准备聆听	◇开放式态度 ◇先不要下定论 ◇准备聆听与我们不同的意见 ◇从对方的角度想问题
步骤2　发出准备聆听的信息	◇给发出信息者以充分的注意 ◇不要东张西望，应注视着对方的眼睛
步骤3　在沟通过程中采取积极的行动	◇尝试了解真正的含义 ◇有目的地聆听 ◇集中精神 ◇继续敞开思想 ◇不断反馈信息的内容
步骤4　与发出信息者确认自己的聆听结果	◇没有听清楚 ◇没有理解 ◇想得到更多的信息 ◇想澄清 ◇想要对方重复或者改述 ◇已经理解

（3）聆听的五个层次

在沟通聆听的过程中，因为每个人的聆听技巧不一样，所以看似普通的聆听却又分为五种不同层次的聆听效果，如图3.3所示。

图 3.3　聆听的五个层次

1）听而不闻

所谓听而不闻，简而言之，可以说是不做任何努力地去听。

听而不闻的表现是不做任何努力，可以从肢体语言看出，没有眼神交流，左顾右盼，身体也可能会倒向一边。听而不闻，意味着不可能有一个好的结果，当然更不可能达成一个协议。

2）假装聆听

假装聆听就是要做出聆听的样子让对方看到，当然假装聆听也没有用心在听。在工作中常有假装聆听现象的发生，例如：我们和客户之间交谈的时候，客户有另外一种想法，出于礼貌客户在假装聆听，其实他根本没有听进去；上下级在沟通的过程中，下级惧怕上级的权力，所以做出聆听的样子，实际上没有在听。假装聆听的人会努力做出聆听的样子，他的身体大幅度的前倾，甚至用手托着下巴，实际上是没有听。

3）选择性地聆听

选择性地聆听，就是只听一部分内容，倾向于聆听所期望或想听到的内容，这也不是一个好的聆听。

4）专注地聆听

专注地聆听就是认真地听讲话的内容，同时与自己的亲身经历作比较。

5）设身处地地聆听

不仅是听，而且努力在理解讲话者所说的内容，所以用心和脑，站在对方的利益上去听，去理解他，这才是真正的设身处地地聆听。设身处地地聆听是为了理解对方，并从对方的角度着想：他为什么要这么说？他这么说是为了表达什么样的信息、思想和情感？如果上级和下级在说话的过程中，其身体却向后仰过去，那就证明其没有认真地与下级沟通，不愿意与下级沟通。当对方和我们在沟通的过程中频繁地看时间，也说明他现在想赶快结束这次沟通，我们必须去理解对方：是否对方有急事？可以约好时间下次再谈，对方会非常感激我们的通情达理，这样做将为后续的合作建立基础。

3.2.3　有效反馈

（1）反馈的定义

在沟通过程中，最后一个步骤是信息反馈。什么是反馈？反馈就是沟通双方期望得到一种信息的回流。

反馈信息，包括人所做的事和所说的话。这一信息旨在使对方行为有所改变或加强。

（2）反馈的类型

反馈有两种：一种是正面的反馈，另一种是建设性的反馈。

正面的反馈就是对对方做得好的事情予以表彰，希望好的行为再次出现。

建设性的反馈，就是在对方做得不足的地方，给予建议。请注意，建设性的反馈是一种建议，而不是一种批评，这是非常重要的。

在反馈的过程中,一定要注意有的情况并不是反馈:

第一,指出对方做得正确的或者是错误的地方。反馈是你给对方的建议,为了使其做得更好。

第二,对于他人的言行的解释,也不是反馈。例如:我明白你的意思,你的意思是什么、什么、什么……这不是反馈,这是聆听的一种。

第三,对于将来的建议。对于未来和将来的建议也不是反馈。反馈就是对刚才我们接收到的这些信息给对方一个建议,目的是使其做得更好。

3.2.4　信任是沟通的基础

沟通,应当以真诚为基础,所谓"精诚所至,金石为开"。真诚之心与有效的沟通方式相结合,才能达到沟通效果,客户也一定能感受到真诚的服务。如果一个人表现的过于油嘴滑舌,那么即使他说得再好也不会得到别人的认可和重视,因为在旁人看来,这个能说会道的人没有一句真话,不值得信赖。在沟通过程中,想用语言征得客户的认可,首先必须让客户对自己的话充分信任,若做不到这一点,说得再好,也达不到丝毫的沟通效果。因此,信任是沟通的基础。

人的有效沟通是在开放区、隐秘区、盲区、未知区这四个区域的有机融合。

 扩展知识

沟通视窗

美国心理学家 JoeLufthe 和 HarryIngam(1969)从自我概念的角度对人际沟通进行了深入的研究,并根据:"自己知道—自己不知"和"他人知道—他人不知"这两个维度,依据人际传播双方对所传播内容的熟悉程度,将人际沟通信息划分为四个区:开放区、盲区、隐秘区(又称"隐藏区")和未知区(也称"封闭区"),这个理论称为"乔哈里视窗"。中国管理学中通常称之为"沟通视窗"。

◆公开区:就是你知道,同时别人也知道的一些信息。

◆盲区:就是关于自己的某些缺点,自己意识不到,但是别人能够看到的缺点。例如,性格上的弱点或者坏的习惯等。

◆隐藏区:就是关于你的某些信息,你自己知道,但是别人不知道。例如,阴谋、秘密等。

◆未知区:就是关于你的某些信息,你自己不知道,别人也不知道。例如,某人自己身上隐藏的疾病。

沟通视窗理论说明,当对"说"和"问"不同对待的时候,即说得多或问得多,就会使别人对我们产生不同的印象,影响别人对我们的信任度。因此,在不同的区域需要采用不同的态度,来赢得对方的信任。

(1)在公开区的运用技巧

他的信息他知道,别人也知道,这会给人什么样的感觉呢?善于交往的人、非常随和的人,这样的人容易赢得人们的信任,容易和他进行合作性的沟通。要想使我们的公开区变大,就要多说、多询问,询问别人对你的意见和反馈。

这从另一个侧面告诉我们,多说、多问不仅是一种沟通技巧,同时也能赢得别人的信任。如果想赢得别人的信任,就要多说,同时要多提问,寻求相互的了解和信任,因为信任是沟通的基础。

(2)在盲区的运用技巧

如果一个人的盲区太大,会是一个什么样的人? 是一个不拘小节、夸夸其谈的人。他有很多不足之处,别人看得见,他却看不见。造成盲区太大的原因就是他说得太多,问得太少,他不去询问别人对他的反馈。在沟通中,我们不仅要多说而且要多问,避免盲区过大的情况发生。

(3)在隐藏区的运用技巧

如果一个人的隐藏区最大,那么关于他的信息,别人都不知道,只有他一个人知道,这是一个内心封闭的人或者说是个很神秘的人,这样的人我们对他的信任度是很低的。如果与这样的人沟通,那么合作的态度就会少一些。因为他很神秘、很封闭,往往会引起我们的防范心理。

为什么造成他的隐藏区最大? 是因为他问得多,说得少。他不擅长主动告诉别人。

(4)在未知区的运用技巧

未知区大,就是关于他的信息,他和别人都不知道。这样的人,他不问别人对自己的了解,也不主动向别人介绍自己。封闭使他失去很多机会,能够胜任的工作可能就从身边悄悄溜走了。

每一个人都要尽可能缩小自己的未知区,主动地通过别人了解自己,主动地告诉别人自己能够做什么。

复习思考题

一、填空题

1.沟通的本质是＿＿＿＿＿＿和＿＿＿＿＿＿。

2.聆听的五个层次＿＿＿＿＿＿、＿＿＿＿＿＿、＿＿＿＿＿＿、＿＿＿＿＿＿和设身处地地聆听。

二、简答题

1.沟通的"三要素"是什么?

2.信息的有效程度主要取决于哪几个方面?

模块 4

汽车售后服务流程

[学习目标]

1. 熟悉汽车售后服务流程。
2. 能熟练完成各流程的规范操作。
3. 能理解和掌握相关常用术语。

[学习内容]

1. 汽车售后服务流程概述。
2. 预约服务。
3. 接待服务。
4. 问诊和环车检查。
5. 维修确认和派工。
6. 报价与结算。
7. 跟踪回访。

任务4.1　汽车售后服务流程概述

　　汽车售后服务主要包括预约服务、接待服务、维修作业、交车服务和关怀跟踪服务。为了做好上述的服务工作,各大品牌都制订了相应的服务流程,其目的是通过严格执行服务标准流程,使维修接待工作标准化、规范化、系统化,以提升客户满意度。

　　从消费者角度出发,在人们日常生活中无论从价格、技术含量而言,还是从安全而言,汽车都是高端消费品之一,而且还需定时保养或维修,并且保养或维修的过程复杂,所以,客户对售后服务有很高的要求就可以理解了。

　　从经销商管理角度出发,服务不同于生产制造是因为服务没有有形的生产线,往往不易复制。形成标准化的服务流程来进行有效率的服务性生产,对售后服务工作有着重要的意义。汽车售后服务是高度接触客户的工作,客户参与了服务的递送过程,因此,在对售后服务核心流程进行设计时,要充分考虑客户的反应和动机。

标准的汽车售后服务流程不仅是品牌厂商售后服务工作标准化的重要体现,而且更明确了服务业的程序,涵盖了规划、组织、实施、指挥和控制等资源转化的过程。其中各项作业或活动按照一定的顺序进行,服务便是依循这种线性的顺序而产生的。只有这种标准化的服务流程,才能满足汽车售后服务大量的、持续性的需求,服务客户和服务过程的质量控制能否最大化地发挥售后服务是该流程效能的关键要素。

各汽车品牌的售后服务流程步骤和数量各不相同,有些是七步法服务流程,有些是九步法服务流程,其实只是工作步骤的分解和整合的区别,工作内容大体上都是一致的。表4.1为汽车售后服务流程的主要内容。

表4.1 汽车售后服务流程主要内容

序 号	步骤名称	说 明
1	预约	包括客户主动预约和经销商主动预约
2	客户接待	1)接待准备 ①服务顾问按规范要求检查仪容、仪表。 ②准备好必要的表单、工具、材料。 ③环境维护及清洁。 2)迎接客户 ①主动迎接,并引导客户停车。 ②使用标准问候语言。 ③恰当称呼客户。 ④注意接待顺序。 3)环车检查 ①安装防护套。 ②基本信息登录。 ③环车检查。 ④详细、准确地填写接车登记表。 4)现场问诊 了解客户关心的问题,询问客户的来意,仔细倾听客户的要求及对车辆故障的描述。 5)故障确认 ①可以立即确定故障的,根据质量担保规定,向客户说明车辆的维修项目和客户的需求是否属于质量担保范围内。 如果当时很难确定是否属于质量担保范围,应向客户说明原因,待进一步进行诊断后再作出结论。如果仍无法断定,将情况上报生产厂商服务部门,待批准后再作出结论。 ①不能立即确定故障的,向客户解释须经全面仔细检查后才能确定。 6)获得、核实客户及车辆信息 ①向客户取得行驶证及车辆保养手册。 ②引导客户到接待前台,请客户坐下

续表

序　号	步骤名称	说　明
3	维修确认	1）确认备件供应情况 查询备件库存，确定是否有所需备件。 2）估算备件或工时费用 ①查看汽车经销商管理系统内客户服务档案，以判断车辆是否还有其他可推荐的维修项目。 ②尽量准确地对维修费用进行估算，并将维修费用按工时费和备品费进行细化。 ③将所有项目及所需备品录入汽车经销商管理系统。 ④如不能确定故障的，告知客户待检查结果出来后再给出详细费用。 3）预估完工时间 根据对维修项目所需工时的估计及店内实际情况预估出完工时间。 4）与客户沟通 与客户就维修、保养项目、费用、时间等方面内容进行沟通，并及时处理异议。 5）制作《任务委托书》 ①询问并向客户说明公司接受的付费方式。 ②说明交车程序，询问客户旧件处理方式。 ③询问客户是否接受免费洗车服务。 ④将以上信息录入汽车经销商管理系统。 ⑤告诉客户在维修过程中如果发现新的维修项目会及时与其联系，在客户同意并授权后才会进行维修。 ⑥印制《任务委托书》，就《任务委托书》向客户解释，并请客户签字确认。 ⑦将《接车登记表》《任务委托书》客户联交给客户。 6）安排客户休息 客户在销售服务中心等待
4	维修作业	1）服务顾问与车间主管交接 ①服务顾问将车辆开至待修区，并将车辆钥匙、《任务委托书》《接车登记表》交给车间主管。 ②依《任务委托书》与《接车登记表》与车间主管车辆交接。 ③向车间主管交代作业内容。 ④向车间主管说明交车时间要求及其他须注意的事项。 2）车间主管向班组长派工 ①车间主管确定派工优先度。 ②车间主管根据各班组的技术能力及工作状况，向班组派工。 3）实施维修作业 ①班组接到任务后，根据《接车登记表》对车辆进行验收。 ②确认故障现象，必要时试车。 ③根据《任务委托书》上的工作内容，进行维修或诊断。 ④维修技师凭《任务委托书》领料，并在出库单上签字。 ⑤非工作需要不得进入车内与不能开启客户车上的电器设备。

续表

序　号	步骤名称	说　明
4	维修作业	⑥对于客户留在车内的物品,维修技师应小心地加以保护,非工作需要严禁触动,因工作需要触动时,要通知服务顾问以征得客户的同意。 4)作业过程中存在问题 ①作业进度发生变化时,维修技师必须及时报告车间主管及服务顾问,以便服务顾问及时与客户联系,取得客户谅解或认可。 ②作业项目发生变化时作为增项处理
5	维修质检	1)自检及班组长检验 ①维修技师作业完成后,先进行自检。 ②自检完成后,交班组长检验。 ③检查合格后,班组长在《任务委托书》写下车辆维修建议、注意事项等,并签名。 ④交质检员或技术总监质量检验。 2)总检 质检员或技术总监进行100%总检。 3)车辆清洗 ①总检合格后,若客户接受免费洗车服务,将车辆开至洗车工位,同时通知车间主管及服务顾问车已开始清洗。 ②清洗车辆外观,必须确保不出现漆面划伤、外力压陷等情况。 ③彻底清洗驾驶室、后备厢、发动机舱等部位。烟灰缸、地毯、仪表等部位的灰尘都要清理干净,注意保护车内物品。 ④清洁后将车辆停放到竣工停车区,车辆摆放整齐,车头朝向出口方向
6	结算/交车	1)通知服务顾问准备交车 ①将车钥匙、《任务委托书》《接车登记表》等物品移交车间主管,并通知服务顾问车辆已修完。 ②通知服务顾问停车位置。 2)服务顾问内部交车 ①检查《任务委托书》,以确保客户委托的所有维修保养项目的书面记录都已完成,并有质检员签字。 ②实车核对《任务委托书》,以确保客户委托的所有维修保养项目在车辆上都已完成。 ③确认故障已消除,必要时试车。 ④确认从车辆上更换下来的旧件。 ⑤确认车辆内外清洁度(包括无灰尘、油污、油脂)。 ⑥其他检查:除车辆外观外,不遗留抹布、工具、螺母、螺栓等。 3)制作结算单 打印出《车辆维修结算单》及《出门条》。 4)通知客户,约定交车 ①检查完成后,立即与客户取得联系,告知车已修好。 ②与客户约定交车时间。 ③大修车、事故车等不要在高峰时间交车。

续表

序 号	步骤名称	说　　明
6	结算/交车	5）解释费用 ①依车辆维修结算单,向客户解释收费情况。 ②请客户在结算单上签字确认。 6）服务顾问陪同客户结账 ①服务顾问陪同自费客户到收银台结账。 ②结算员将结算单、发票等叠好,注意收费金额朝外。 ③将找回的零钱及出门证放在叠好的发票等上面,双手递给客户。 ④收银员感谢客户的光临,与客户道别。 7）陪同客户验车 ①服务顾问陪同客户查看车辆的维修保养情况,依据《任务委托书》及《接车登记表》,实时向客户说明。 ②向客户展示更换下来的旧件。 ③说明车辆维修建议及车辆使用注意事项。 ④提醒客户下次保养的时间和里程。 ⑤说明备胎、随车工具已检查及说明检查结果。 ⑥向客户说明、展示车辆内外已清洁干净。 ⑦当客户的面取下防护套,放于回收装置中。 8）向客户说明有关注意事项 ①根据《任务委托书》上的"建议维修项目"向客户说明这些工作是被推荐的,并记录在《车辆维修结算单》上。特别是有关安全的建议维修项目,要向客户说明必须维修的原因及不修复可能带来的严重后果,若客户不同意修复,要请客户注明并签字。 ②对保养手册上的记录进行说明(如果有)。 ③对于首保客户,说明首次保养是免费的保养项目,并简要介绍质量担保规定和定期维护保养的重要性。 ④将下次保养的时间和里程记录在《车辆维修结算单》上,并提醒客户留意。 ⑤告知客户会在下次保养到期前提醒、预约客户来店保养。 ⑥与客户确认方便接听服务质量跟踪电话的时间并记录在车辆维修结算单上。 ⑦告知客户3日内将对客户车辆进行服务质量跟踪电话回访,询问客户方便接听电话的时间。 9）服务顾问将资料交还客户 ①服务顾问将车钥匙、行驶证、保养手册等相关物品交还给客户。 ②将能够随时与服务顾问取得联系的方式(电话号码等)告诉客户。 ③询问客户是否还有其他服务。 10）送客户离开 送别客户并对客户的惠顾表示感谢
7	跟踪/回访	在客户车辆维修保养3日内进行关怀跟踪

任务4.2 预约服务

4.2.1 预约服务的作用

预约服务是指汽车维修服务企业受理客户提出的维修预约请求,以及客户说明自己的服务需求及期望接受服务的时间;或汽车维修服务企业通过客户管理卡和计算机中存储的客户档案,再结合自身的维修能力(人员和设备等),向客户提供定期保养提醒及预约等服务。

预约服务是汽车售后服务流程的一个重要环节,它提供了立即与客户建立良好关系的机会。通过汽车维修服务企业提供的预约服务,可以提高工作效率,减少客户等待的时间,并尽量避免缺少工位、维修技师和备件的情况发生,使客户得到迅速优质的服务,进而提高客户满意度。

预约服务对汽车维修企业和客户都有好处。

(1)预约服务对汽车维修企业的好处

①平均分配时间,接待井然有序,减少抱怨。

②接待时间充裕,保证服务质量与销售质量,提高单车收益。

③精确地计划和控制车间的工作量,削峰填谷、提高人员和设备的使用效率,提高劳动生产率。

④维修时间得到保证,从而提高维修质量。

⑤提高客户的满意度及忠诚度。

(2)预约服务对客户的好处

①客户通过电话进行咨询、交谈、初步诊断。

②客户到店,不用等待,服务顾问立刻接待。

③客户与服务顾问接触时间充分,利于沟通。

④保证接车和交车时间,缩短客户的非维修等待时间。

⑤4S店为客户做好各项准备(备件、技术专家、工具、设备、资料),避免发生由于服务站的偶发事件而导致客户车辆无法正常维修的情况。

4.2.2 预约的分类

(1)根据预约主动方的不同分类

1)客户主动预约

客户主动预约是指客户主动通过电话或到服务接待处与汽车维修服务企业预约服务人员进行预约。

有的客户感觉到自己的车辆需要维护或车辆发生故障需要修理时也会给维修企业打电话进行预约,预订好时间、工位和配件,以便进4S店之后迅速地进行维修作业,节约自己的时间。这对维修企业而言是被动的,称为客户主动预约。

2)经销商主动预约

经销商主动预约是指经销商的服务人员主动与客户进行预约。

　　许多客户因时间、工作等各种原因不可能对自己的车辆时时关注,另外,客户的汽车专业知识也不一定十分丰富,不一定了解车辆何时需要何种维护或修理,平时需要对汽车采取何种保养等,这就需要维修企业定期地对客户进行电话访问,及时了解车辆的使用状况,提出合理的维修建议,根据客户的时间和维修企业的生产情况进行积极主动的合理安排,这种预约方式称为特约商主动预约。

　　经销商主动预约不但是体现维修企业对客户的关怀、增进与客户之间的感情交流,而且也是服务营销工作向客户展示维修企业的服务形象、介绍和推销维修企业的服务、增加维修企业的业务量、提高营业收入的需要。

（2）根据预约的方式不同分类

1）电话预约

电话预约是指通过电话的方式进行预约。

2）现场预约

现场预约是指客户在服务接待处进行预约。

4.2.3　预约服务流程

（1）经销商主动预约流程

经销商主动预约的工作流程如图4.1所示。

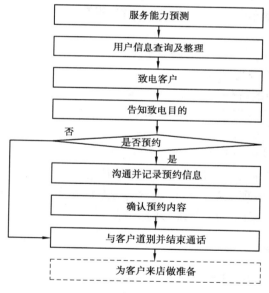

图4.1　经销商主动预约流程

1）服务能力预测

　　按每周各天及每天各时间段的接待情况,初步确定可预约的时间段。根据汽车经销商管理统计显示,每周各天的接待量,每天不同时段的接待量,如图4.2所示。

2）客户信息查询及整理

　　在汽车经销商管理系统中查询当天要进行电话提醒或邀约的客户清单,如爱车课堂、首保提醒、定期保养提醒、质保到期提醒、车险到期提醒、服务活动等。

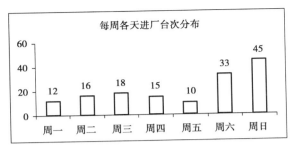
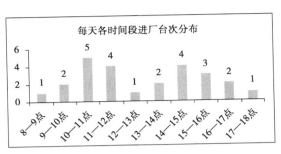

图 4.2 接待量统计图表

3）致电客户

服务顾问致电客户需要注意事项如下：

①应尽量避开客户休息或工作高峰期致电,如客户无法接通,应在不同时间段尝试给客户再次致电;

②致电客户前应先了解用户的维修保养历史;电话接通后先问候客户,然后做自我介绍,并确认接听电话者的姓名。

电话话术示例：

"您好! 我是××× 4S 店服务顾问×××,请问您是×先生/女士吗? ⋯⋯"

4）告知致电目的

服务顾问首先要说明致电目的(活动邀约、业务提醒等),告知与客户电话沟通的预估时间,客户同意后再进行沟通,否则向客户致歉并结束通话;如客户当时不便接听,征询客户方便沟通的时间;主动邀请客户预约,并告知预约的好处及优惠。

电话话术示例：

"×先生/女士,您好! 您的爱车已达到保养里程(或保养时间),想占用您×分钟时间为您做预约保养服务,您看是否方便?"

"⋯⋯对不起! 打扰您了,祝您行车平安。"

5）沟通并记录预约信息

根据汽车经销商管理系统记录的客户用车习惯与保养维修历史资料,关心上次回 4S 店保养维修后的用车情况。

礼貌地提出保养维修建议方案及保养维修所需的时间、价格。客户同意后,根据本汽车维修企业自身的实际维修和接待能力,提出 2~3 个可供预约的时间段让客户选择。若无法满足客户要求,则征询客户希望的时间段。

电话话术示例：

"×××先生/女士,非常抱歉,您提出的预约时间段我们的预约安排已满,您看×月×日××时或×月×日××时这两个时间您方便预约吗?"

征询客户是否有其他需要服务的项目。

客户提出保养维修或故障维修需求时,服务顾问可以明确判断故障原因的,应礼貌地予以回答;对于无法答复的事项,应立即请求技术经理(技术专家)支持。

技术经理(技术专家)仍无法明确故障原因的,应及时邀请客户到店做详细检查。

对于客户提出的故障现象,服务顾问应在汽车经销商管理系统查询此次报修项目的维修历史记录,如涉及"三包"政策应及时响应。

6）确认预约内容

告知客户预计交车时间，并向客户再次确认预约的相关信息：客户姓名、电话号码、车牌号、维修项目、进店日期及时间等。

针对预约保养的，则提醒客户在进店时携带相关资料，如《质量担保和保养手册》《机动车行驶证》等。

提醒客户在规定的时间到店。如有些品牌的4S店会告知客户：客户超过预约时间30 min仍未到店，则此次预约将自动取消。

咨询客户是否知道来店路线，若不清楚，则告知客户来店路线。

结束通话后应等客户先挂断电话后再轻轻放下话筒。

7）为客户来店做准备

预约人员与客户做好预约之后应当及时做好记录汇总，以便有据可查。一般在《预约登记表》或在汽车经销商管理系统中完善用户预约信息。预约登记表见表4.2。

提前一天向备件经理了解预约所需备件库存情况，以便提前进行备料。

提前一天告知车间主管次日预约情况，以便提前预留维修工位。

提前一天将用户预约信息更新到《预约欢迎看板》上，如图4.3所示。

表4.2　预约登记表

登记号	用户姓名	联系电话	车牌号	车　型	公里数
客户描述及要求					
故障初步判断					
预计到店时间	服务顾问	主修人	预计维修时间		任务委托书号
是否返修		需注意的问题			
备件确认	工具确认	服务顾问确认	主修人确认	提前一小时与客户确认	
预约取消		取消原因			
预约更改时间		更改原因			

预约人：　　　　　　　　　　　日期：

预约欢迎看板

序　号	车主姓名	车辆牌照	车型名称	预约时间	预约项目	预计交车时间	服务顾问

图4.3　预约欢迎看板

（2）客户主动预约流程

客户主动预约的工作流程如图4.4所示。

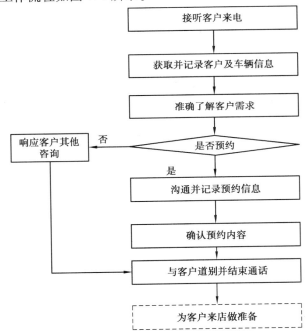

图4.4　客户主动预约流程

1）接听客户电话

接听客户来电时,应在第三声铃响前接听;电话接通后先问候客户,然后做自我介绍,并询问客户姓名。

电话话术示例:

"您好！我是×××4S店服务顾问×××,很高兴为您服务,请问您贵姓？……"

"×先生/女士,请问有什么可以帮您的？……"

2）获取并记录客户及车辆信息

询问客户车辆信息，根据客户车牌号在汽车经销商管理系统中查询客户车辆维修历史资料，系统中如果提示该车辆涉及"三包"维修内容，则必须进行标记；如果汽车经销商管理系统中无此客户及车辆信息，则立即在汽车经销商管理系统中进行创建；如果当时无法使用汽车经销商管理系统，则将客户及车辆信息记录在《预约登记表》中。

电话话术示例：

"×先生/小姐，请问您爱车的车牌号码是？……，目前行驶里程是多少？……"

3）准确了解客户需求

聆听客户的想法和对故障的描述，用专业的提问方式了解问题的详细情况，归纳客户的问题和服务需求，准确记录。

针对无法判断故障原因和维修时间很长的情况，建议客户来店诊断或路试，并及时将车辆故障现象转告技术总监或技术专家。

如果客户提出的故障现象可能涉及"三包"政策，不要轻易作出判断和答复，提醒客户尽快来店进行检查和诊断。

4）沟通并记录预约信息

根据客户的需求，说明此次预约维修保养项目所需的时间、大概费用，并咨询客户方便进店的时间段。

根据企业的实际维修和接待能力，答复是否能满足客户预约回店时间段，如果无法满足客户，则应向用户致歉，并提出2~3个合适时间段供用户选择。

对于返修、质量担保、预防行动、其他特殊维修行动的，应优先进行维修安排；将与客户沟通后的预约信息记录在汽车经销商管理系统中或者《预约登记表》中，如果涉及"三包"政策的维修项目，则应进行标记。

5）确认预约内容

告知客户预计交车时间，并向客户再次确认预约的相关信息：客户姓名、电话号码、车牌号、维修项目、进店日期及时间等。

针对预约保养的，则提醒客户在进店时携带相关资料，如《质量担保和保养手册》《机动车行驶证》等；提醒客户在规定的时间到店。

咨询客户是否知道来店路线，如果不清楚，则告知客户来店路线；结束通话后应等客户先挂断电话后再轻轻放下话筒。

6）为客户来店做准备

在汽车经销商管理系统中完善客户预约信息；提前一天向备件经理了解预约所需备件库存情况，以便提前进行备料；提前一天告知车间主管次日预约情况，以便提前预留维修工位；提前一天将客户预约信息更新到《预约欢迎看板》上。

（3）预约的实施规范

①掌握企业自身的预约维修能力。

②优先安排返修、召回、保修、紧急维修、特殊客户。

③预约进4S店的时间应尽量方便客户。

④提醒服务可采用电话、短信等直接有效的方式，提醒后2 h内，服务顾问与客户进行电话联系，确认客户收到提醒。

⑤预约工作以《预约登记表》为依据,表中的内容应填写完整。

⑥若没有该客户的档案,在客户进行主动预约时,应及时为客户建立档案;若已有该客户档案,则确认各项内容是否发生变更。

⑦服务顾问必须将客户所描述的情况记录清楚,并通过适当地提问,明确进4S店原因。

⑧在记录要点时,必须进行必要的重复,以使客户知道经销商已经将车辆情况清楚掌握。

⑨服务顾问向客户确认进4S店时间时,应对进4S店项目进行时间与价格的预估,并向客户说明。

⑩由于备件无货而无法给客户安排预约时,应由接待人员向客户解释,并对客户说明可优先安排在备件到货后的预约计划中,若客户同意,则直接列入该日的预约计划。

⑪预约成功后,应提前做好人员、工具、设备及备件等准备工作。

⑫从开始安排预约到向客户解释维修时间及报价,不应超过2 h。

⑬对于提醒服务,客户进店前进行追踪。

⑭若客户到了进4S店时间30 min仍未到达,服务顾问应及时与客户进行联系,并确认到达的准确时间。

⑮若客户超过进4S店时间30 min仍未到达,服务顾问与客户联系后取消本次预约,但可优先列入下一预约计划中。

⑯各部门交接必须及时、准确,以《预约登记表》或者登记单为依据。

(4)提高预约率的方法

1)预约率

预约率是指有预约进4S店的作业数量占所有作业数量的百分比。

我国汽车维修行业大多数品牌的预约率一般都在20%左右,而国外汽车维修行业的预约率可以达到80%。

我国汽车维修服务企业的预约现状主要表现如下:

①预约比例低

与其他国家外相比,我国汽车维修服务预约比例较低,其主要原因,一是消费者没有养成预约消费的习惯,二是整个汽车售后市场还不成熟。汽车维修服务企业需要建立一整套预约流程,增加硬件与软件的投入,增加预约服务人员数量并提高预约服务人员的质量。

②爽约较多

一般汽车维修服务,预约客户比例不大,在节假日前后和季节更替时,预约比例会略大一些。但是,在这为数不多的预约维修保养客户中,爽约现象也很普遍。

③形式上的预约

有些客户在电话预约后,就马上到汽车维修服务企业要求进行维修,这样的预约实际上是毫无意义的。

2)提高预约率的措施

①加强企业宣传

a. 加强企业网站、微信、论坛、QQ群等互联网工具的宣传,加强与车主互动。

b. 制作公司的宣传折页对外发放,客户持折页进4S店可享受工时费折扣。

c. 定期在报纸,电台等媒体进行宣传推广活动,提高公司的知名度。在厂家组织的活动之外,定期举办季节性的服务活动,体现特色,吸引客户进4S店。

②进行目标管理

设定每月的进店台次目标,并将其分解到个人,并不断分析地跟进当月目标完成情况,进行目标管理与绩效考核。

③进行预约管理与数据分析

a. 明确分工,责任到人,参与人员包括:服务顾问、服务经理、站长、车间技师等。

b. 数据分析,按客户购车年限和流失等级建立客户群。

④根据企业现状,采取不同预约策略

常见的预约策略与方法见表4.3。

表4.3 常见的预约策略与方法

策略类型	手 段
折扣策略	工时折扣 备件折扣 保养抵用券 赠送礼品
错峰策略	错峰预约 早班车优惠 晚班车优惠
差异化策略	个性化体验 高端体验

⑤加强预约提醒服务

a. 定期保养提醒,根据汽车经销商管理系统,筛选出保养到期客户名单,发送短信或打电话,邀约客户进店。

b. 免费检查活动招揽,定期组织季节检测,包括冬季检查活动、夏季检查活动、出长途前的检查活动、胎压定期检查、轮胎定期换位等活动,以促进客户到店次数,提升进店台次。

c. 新车客户质保期即将到期前1~2个月给客户发送提示短信,邀约客户进店检查,在质保期内将故障隐患以索赔形式解决,避免出质保期后客户进店索赔无法办理的情况。

d. 定期筛选长时间未进店的客户名单,如6个月未进店客户,由专人以专门的话术邀约客户进店。

e. 建立服务顾问认养制度,每个服务顾问都要有自己的忠诚客户,定期与客户沟通联系,提高客户返4S店率。

f. 遇到节日或特殊天气时,向客户发送关怀短信,体现公司的关爱。

g. 汽车维修企业可更多关注出质保期的新车到店台次,并不断吸引更多车辆进店保养与维修。

h. 组织根据节假日为主题的宣传活动,并进行相关产品和服务的促销。

任务4.3　维修接待服务

4.3.1　维修接待服务的作用

接待工作是服务人员给客户留下良好第一印象的关键时刻。迅速、热情、友好、专业地接待能够体现对客户的尊重和关心,给客户留下深刻的印象,赢得客户的信赖,建立良好的互动关系,提升客户的满意度。

客户来店修车,第一步迈进的是企业服务接待厅,第一个接触的是服务顾问,可见服务接待厅、服务顾问给客户的第一印象至关重要。

服务顾问是汽车维修服务企业的代言人,是企业与客户之间的桥梁。通过服务顾问可以向客户提供企业的产品和服务信息,以及优质的服务,为企业争取更多的忠实客户。

(1)服务顾问的重要性

①服务顾问是企业形象、面貌、文明的窗口。服务顾问的语言衣着、举止,服务接待厅的项目布置,决定着客户的最初印象和信赖度。

②服务顾问是企业技术水平高低的集中体现。服务顾问的工作作风、分析和解答问题的能力、专业服务水平等在接车、估价交谈中体现出来。

③服务顾问是企业服务水平、管理水平的缩影。进店的交接、出店的交车、钥匙的保管、车上的清洁卫生、追加项目的联系、备件的请示、出店的跟踪、救援服务等,反映出一个企业管理水平的高低。

④服务顾问是企业创收的窗口。服务水平的高低、估价项目的合理程度、结算折扣等,这一切都会影响企业的信誉、收入和效益。

(2)服务顾问应具备的条件

服务顾问对客户和客户车辆的服务是在接待客户到车辆出店的一整套的工作流程中体现的。作为汽车服务接待人员,不但要文明礼貌、仪表整洁大方、主动热情,还要有专业的服务水平。在车辆检验的基础上,站在客户的立场,建议最佳维修项目,并且要与客户达成共识。

服务顾问必须具备三个要素:

①态度:诚实、谦虚、微笑、信赖感、亲切感等。

②技巧:表达技巧、提问技巧、倾听技巧、诊断技巧、客户应对技巧、电话沟通技巧等。

③知识:车辆知识、客户知识、市场知识、关于服务的话题知识、心理学知识等。

只有具备了这三个要素,才能使客户对服务工作满意,对服务顾问充满信心,客户才能相信汽车维修服务企业能解决他们车辆的问题。只有做到了这些,才能满足客户的需求,提高客户满意度,使客户成为汽车维修服务企业的忠实客户。由此可知,在维修接待过程中对服务顾问的要求如下:

①规范的礼仪。着统一工装,佩证上岗;仪容端正,态度乐观热情,语言文明;主动迎接客户并问候,了解客户需求。

②熟悉工作流程,有一定的组织能力。做好物品以及程序准备,如名片、电话、防护套、客户档案及维修记录、车间人员安排、所需备件状况以及其他资料等。

③规范的操作。在客户车辆检查时,要爱护客户的车辆,应使用座椅套和脚垫等防护用品。具有汽车维修保养专业知识和一定的动手能力,向客户提供适当的维修建议。对本企业的生产流程和生产有比较深入的了解,懂得量化检查,会制作各种统计图表。掌握车间的工作进度,确认维修保养车辆的工作是否顺利完成;适时地向客户报告维修保养的进度。协助客户完成结账程序,并礼貌地送客户愉快地离开。

④与相关部门进行有效的沟通。了解备件的库存情况,了解财务部付款方式和发票名称等,了解维修部维修进度、保修期政策、客户车辆的维修内容及技术解释,了解客户回访信息和客户预约情况等。

⑤准确的客户问询记录。仔细听取客户叙述的问题,并详细记录;对客户的需求重复确认,并让客户确认无误后签名。

拓展知识:MOT(Moment of Truth,关键时刻)

"MOT",这个20世纪80年代源于北欧航空公司的词汇魅力非凡,以至于IBM不惜花费800万美元为自己的客服人员打造了一套MOT培训课程。北欧航空自己也正是在这一理念的指引下得以用短短一年的时间就让公司从亏损4 000万美元的境地一跃而起,实现了当年营业额由8 400万美元增至1.05亿美元的业界奇迹。

20世纪80年代,北欧航空公司卡尔森总裁提出:平均每位顾客在接受其公司服务的过程中,会与5位服务人员接触;在平均每次接触的短短15秒内,就决定整个公司在乘客心中的印象。

1981年,北欧航空连续两年亏损,金额巨大。詹·卡尔森在这种情况下临危授命,出任北欧航空CEO。到北欧航空之后,詹·卡尔森发现当时北欧航空的成本已经被前任压缩到最低,唯一能够采取的扭亏为盈的措施就是增大商务乘客的比例。因为商务乘客只要工作需要就会乘坐飞机,对他们而言,最重要的是便利而非价格。只要能够为他们提供优良的服务,他们就会乐意乘坐并购买全价机票。

"北欧航空当时一年总共运载1 000万名乘客,平均每名乘客要接触5名北欧航空员工,每次15秒钟。也就是说,这1 000万名乘客每人每年都对北欧航空公司产生5次印象,全年总共5 000万次。这5 000万次的MOT就决定了公司未来的成败。我们必须利用这5 000万次的MOT来向乘客证明,搭乘我们的班机是最明智的选择。"詹·卡尔森首先做的就是提出MOT的概念,压扁传统的金字塔型的层级结构,放权给直接服务客户的一线人员。MOT的核心就是,在每个与顾客接触的关键点上都做到完美以给顾客提供最好的服务。

与顾客接触的每一个时间点,即为关键时刻。服务人员的外表、行为和沟通三个方面是影响顾客忠诚度及满意度的重要因素,给人的第一印象所占的比例分别为52%、33%和15%。

4.3.2 维修接待前的准备工作

维修接待前的准备工作流程如图4.5所示。

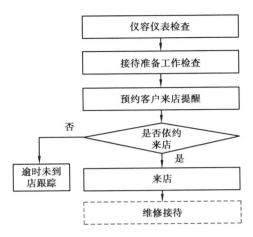

图 4.5 维修接待前的准备工作流程

（1）服务顾问的仪容仪表检查

1）服务顾问仪表的基本要求

①容貌：端庄大方、亲切热情。

②服饰：上班要着工作服，正确佩戴标牌。

③个人修饰：注意行业特点，符合健康向上充满活力的基调。

2）服务顾问仪态的基本要求

①站姿：身形挺拔，两眼平视，不要双手环抱胸前，不要叉腰，不要手插衣袋。

②坐姿：坐要端正。

③走姿：步伐雄健轻稳，行走轨迹成直线，步幅不宜过大，步速不宜过快。

④与客户同行：服务顾问陪同客户同行时，一般靠右行。行走时，遇到客户，应自然注视对方，主动点头致意或问好；同时，放慢步速，以示礼让客户先行；如有急事需要越前先走，应先表示歉意。

⑤与客户交谈：双目自然注视客户，保持适当的站位。不要喋喋不休，不抢客户话头，不连续发问，不随意解释不熟悉的问题，不强调与主题无关的细节，不进行人身攻击，若要打断交谈或插入新话题时，应先说"对不起，暂时打断一下可以吗？"

（2）接待准备工作检查

①每天开始营业前，保持 4S 店出入口、服务接待区、客户休息室、洗手间和车间的卫生；整理客户休息室、检查休息区的设施设备是否正常。

②按工作计划检查《预约登记表》《维修委托书》及相关资料是否准备好。

③前一天下班前准备好文字资料和相关工具，对当天车间维修车位状况、第二天的预约维修情况和遗留工作等都要详细做好记录。如果费用或作业时间与预约发生变化，则应及时联系客户，向客户解释原因。

④根据《预约登记表》上的资料，提前一天与客户进行电话或者短信确认。落实备件、工具、工位和技术方案。在服务通道准备预约客户的欢迎牌，欢迎预约客户的到来。

短信话术示例：

"×先生/女士，您好！您预约了×日××时到×××4S 店进行爱车维修保养，×××4S 店将准时恭候您的到来。如不能按时到店，请回复，祝您用车愉快！服务顾问×××。"

⑤查阅预约客户档案资料和预约登记表内容,较全面地掌握其车辆状况,草拟《汽车维修委托书》,预估维修工作范围和费用;必要时应打印出来,便于和客户或维修技师进行车辆故障诊断。

⑥对召回维修或者返修的车辆,要做标记,特别关注。注意确保零部件供应,如果需要,应该提前领取出来。

⑦通知和协调有关部门的人员(车间班组、备件、接待、资料、工具等相关人员)做好准备,提前一天检查准备情况(技师、备件);根据维修项目难易程度合理安排维修技师;协调车间制订技术方案。

(3)预约客户来店提醒

①提前一天短信提醒客户预约次日到店按时到店。

②提前1 h致电预约当天到店客户,确认客户是否能按时到店,并告知客户会在服务接待区恭候。

③与无法按时到店的客户沟通,并重新预约时间,如客户放弃预约,则在汽车经销商管理系统中进行维护。

④针对变更及取消的预约,及时通知备件经理及车间主任。

电话话术示例一:客户会依约到店

服务顾问:"您好! 我是×××4S店服务顾问×××,请问您是×先生/女士吗?"

客户:"是的。"

服务顾问:"×先生/女士,您好! 您预约了今天××时到×××4S店进行爱车的保养/维修,请问您能按时到达吗?"

客户:"我可以准时达到。"

服务顾问:"好的,×先生/女士,我们恭候您的光临,再见!"

在这种情况下,预约专员或者服务顾问在系统中记录客户将会来店,并通知各部门做好接待准备。

电话话术示例二:客户会不能依约到店

服务顾问:"您好! 我是×××4S店服务顾问×××,请问您是×先生/女士吗?"

客户:"是的。"

服务顾问:"×先生/女士,您预约了今天××时到×××4S店进行爱车的保养/维修,请问您能按时到达吗?"

客户:"我突然有点事情,也许赶不上预约的时间了。"

服务顾问:"×先生/女士,服务人员及工位都可以给您预留30分钟。您在30分钟内能到吗?"

客户:"很抱歉,我30分钟内不能来。"

服务顾问:"没关系,×先生/女士,如果您30分钟赶不到的话,要不我帮您重新预约其他时间吧?"

客户:"可以,但是我现在不能确定我什么时候有空。要不这样吧,我要来再给您打电话吧。"

服务顾问:"好的,×先生/女士,请您提前一天给我们预约,预约电话是×××× ××××,我也会把预约电话以短信的方式发给您,方便您保存。另外,我这边就先取消您今天的预约了。"

客户:"好的。"

服务顾问:"好的,×先生/女士,祝您工作生活愉快,再见!"

在这种情况下,服务顾问在汽车经销商管理系统中取消这位客户的预约,通知各部门这位客户将不会来店。

4.3.3　维修接待流程

维修接待流程如图 4.6 所示。

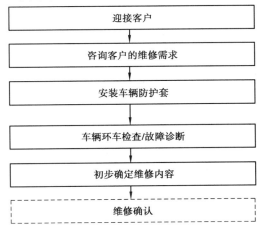

图 4.6　维修接待服务流程

(1)迎接客户

①服务顾问察觉有客户车辆驶入服务通道时,要迅速出迎并问候客户。一般要求在 1 min 内要有人员出去迎接。

预约客户进店时,对应的服务顾问须优先接待,有该客户专属服务顾问的客户进店时,对应的专属服务顾问优先接待;如果预约客户能如约到店,服务顾问应提前到接待区等候。

②引导客户将车辆停在指定位置。

③主动为客户开启车门,亲切、热情地问候客户,进行简短的自我介绍,并向客户递送名片。问候客户时,要用眼睛注视客户并面带微笑,态度和蔼。

现场话术示例:

"您好!我是×××4S 店服务顾问×××,这是我的名片……"

"×先生/女士,您好!我是×××4S 店您预约的服务顾问×××,这是我的名片……"

(2)咨询客户的维修需求

服务顾问礼貌咨询客户保养维修需求,将客户服务需求详细记录于《预检单》,如图 4.7 所示。在《预检单》上清晰描述客户反映最关心的问题,并记录好。

①如果客户没有预约,询问客户来店目的。

②如果是预约到店客户,向客户简单复述预约内容。

③咨询客户其车辆是否出现故障,了解出现故障的详细情况,并如实记录。

④如客户是预约中的"三包"责任疑似故障,应及时通报技术专家。

(3)安装车辆防护套

当着客户的面安装防护套,一般为 5 件套:座椅防护套、脚垫、方向盘护套、变速杆护套及手刹护套。

现场话术示例：

“×先生/女士，您好！在保养维修过程中为了避免弄脏您的爱车，我将为您的爱车铺上车辆维护套件。”

(4)车辆环车检查或故障诊断

礼貌地邀请客户一起环车检查，如客户不愿一起环检，记录于《检查单》中。

现场话术示例：

“×先生/女士，您看防护品都安装好了，我们共同进行一下环车检查，可以吗？”

①登记客户和车辆信息：姓名、电话、里程数、VIN 码和车牌号。

②环车检查车辆，确认客户指出的问题，并检查车辆是否还存在其他的隐患故障；检查车身及内饰是否有损伤、是否有辆进行检查，有贵重物品。环车检查的顺序如图 4.8 所示；环车检查项目见表 4.4。

预检单

报修人：	联系电话：	报修日期：
车牌号：	行驶里程：	VIN号：

客户需求描述

外观/内饰/附件检查

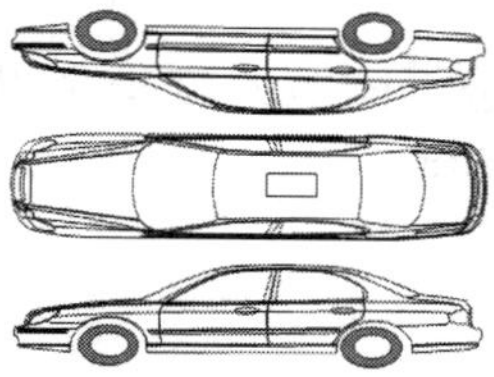

▲ 划痕　● 油漆

灯光	□	机油	□	空调	□
雨刮	□	冷却液	□	音响	□
玻璃	□	制动液	□	天窗	□
轮胎	□	转向液	□	电动窗	□
备胎	□	玻璃水	□	电动后视镜	□
电瓶	□	随车工具包	□	仪表指示灯	□

好：√　有故障，需维修：○

维修建议

客户签名：　　服务顾问签名：

图 4.7　预检单

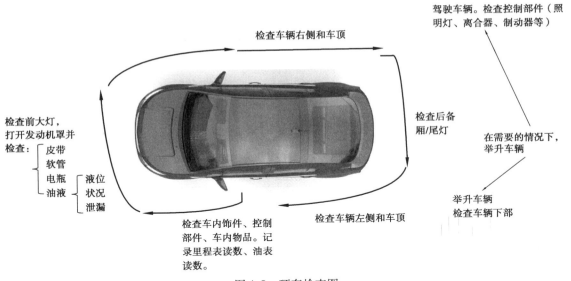

图 4.8　环车检查图

表 4.4　环车检查项目

序　号	检查位置	检查项目
1	车厢内检查	车厢内检查从左侧主驾驶座开始,首先采集车辆行驶里程表读数,检查项目分别有:仪表指示、刹车制动、排挡系统、后备厢开关、空调系统、音响系统、门窗系统、刮水系统、灯光系统、安全带系统等,另外,还需注意车厢内饰,真皮座椅是否有划痕、储物空间中有无贵重物品等。 服务顾问在进行车厢内检查时,需要一边与客户交流,一边检查,这样可以得到客户的准确回应。 现场话术示例: "×先生/女士,您爱车的行驶里程是……油量还有……"
2	发动机舱内检查	打开发动机罩,检查发动机舱检查项目有:防冻液面、转向助力器液、制动液、冷却液、发动机机油、蓄电池、变速箱油、各种管路、皮带、发动机吊脚、各个线束接头等。 现场话术示例: 　×先生/女士,现在我们检查的是发动机舱内的发动机机油、液面正常,但有点浑浊,说明发动机机油比较脏了,是该更换机油了
3	车辆外观检查	从左前翼子板开始,依次检查右前车门、车顶、右前翼子板、右后视镜、前风窗玻璃、前照灯及转向灯、发动机盖、前保险杠、左前车门、左前翼子板、左后视镜、左后车门、左后翼子板、后风窗玻璃、后备厢盖、尾灯、后保险杠、右后翼子板、右后车门等,着重检查这些部位有凹回坑、划痕擦痕、锈蚀、变形和移位;着重检查后视镜、风窗玻璃、前照灯、转向灯可能存在的缺失、裂纹、砂点、污损等;兼顾检查轮胎饰盖、车外天线、车门密封条的缺失、变形等。 服务顾问在检查时,应随时告知客户检查结果,是完好还是损坏,这样可以避免一些问题的发生。 现场话术示例: "×先生/女士,右前车门是完好的……左前翼子板有划伤,请您确认一下。"

续表

序　号	检查位置	检查项目
4	后备厢检查	后备厢检查的项目有:备胎、拖车钩、千斤顶、警示牌、灭火器及确认有无贵重物品。 服务顾问在检查前应先询问客户。 现场话术范例: "×先生/女士,方便打开您的后备厢吗?"
5	底盘检查	在检查车辆底盘时,需用举升机举起车辆,检查项目有轮胎、基架及防尘套、排气系统、转向系统、制动系统、橡胶连接和密封等

(5)确认车辆检查结果

①根据《预检单》上的记录,向客户确认报修内容及检查结果,礼貌地询问客户车内是否有其他贵重物品,提醒客户取出并随身携带。

现场话术范例:

"×先生/女士,您好!您爱车内是否还留有其他贵重物品?例如手机、现金、证件及重要资料……,请您取出随身携带。"

②如果客户陈述"三包"责任疑似故障是第一次检查,在《预检单》上注明并请客户签字,如果之前进行过相关维修,请客户出示相关维修记录。

③涉及"三包"责任疑似故障的检查不要轻易下结论,在《预检单》注明:客户自述出现的故障现象和原因待查。

④服务顾问签字后再请客户签字,将签字后的《预检单》客户联递送给客户,并请车间人员将车辆先安排到工位,稍后即进行维修保养派工。

⑤如果客户车辆仅是保养或一般明确的故障维修,邀请客户到接待前台进行维修报价及派工。

⑥如果客户车辆须进行故障分析和诊断,告诉客户将对车辆进行进一步诊断,邀请客户到用户休息室稍事休息,倒上茶水或饮料,并向客户介绍休息室提供的服务。

现场话术范例:

"×先生/女士,请您先到休息室稍事休息,我这就通知车间调度过来接车,请稍候。"

(车辆接走后)"我这会儿陪您去休息室休息,这边请。"

(让座、上茶)"请坐。您是喝些饮料呢?还是来点茶水?"

(上茶后)"请慢用。我们用户休息室有影视区、电脑上网、报纸杂志供您选择。同时,您有兴趣的话也可以到我们汽车附件精品超市去看看。"

"您请稍事休息,我去看看您车辆的检查情况。"

在接待服务环节中,需要遵循以下规范要求:

①客户车辆进入经销商待修车停车区,尚未接待客户的业务接待应主动出迎致意,出迎时携带接车单。

②若客户是进店维修,则业务接待直接在接车单上记录车辆外观情况,进4S店原因,并进行情况描述简要记录;若客户不是进4S店维修,则应带领客户至相关业务部门。

③遇到雨、雪天气,若停车区与营业厅之间的通道没有雨棚,当客户车辆进入停车区时,任何一位工作人员在不影响正常业务流程的情况下,都有义务主动打伞出迎并引领客户至营业厅。

同时,在营业厅门口处也应准备好吸水性强的毛巾,以备客户在进入营业厅时擦去身上的雨雪。

④若服务顾问无法出迎,应在客户进入营业厅时主动向客户致意;若服务顾问正在接待其他客户,也应及时对新到来的客户打招呼并请其稍等。

⑤接待区应备有饮水机,客户在接待台前坐下时应送上一杯水(冷天热水,热天根据客户喜好选择冷水或热水)。

⑥预约过的客户到来后必须立即接待,禁止等待。

⑦禁止让返修客户等候接待,在《委托书》中需注明返修。

⑧对于保养客户,服务顾问在进行保养项目记录的同时,应主动询问近期车况,并参考车辆的维修保养记录,以便及时发现隐含问题。

⑨在客户进行故障情况描述时,服务顾问可以在适当的时候用引导性语言进行需求调查,但严格禁止打断客户的描述。

⑩对于客户描述的情况,在记录要点的同时应及时重复确认无误。

⑪对于客户描述的故障,可通过查看维修记录、试车、会诊、请求技术支持等一系列手段进行诊断(初诊),但必须保证快速、准确。如果需试车,必须保证客户在场。

4.3.4　问诊

(1)问诊工作的重要性

服务顾问是汽车维修工作中重要因素之一,是联系客户和经销商之间的纽带。服务顾问提供的服务是直接影响客户对汽车制造厂及经销商的良好印象及忠诚度。而问诊是服务顾问接待流程中重要的一项工作。

1)问诊的工作内容

①服务问诊工作中要认真倾听客户描述,能清楚理解客户描述,使用正确的问诊技巧实施问诊工作。

②服务顾问在问诊过程中要按照提问技巧引导客户将故障发生具体状况描述清楚。

③服务顾问需根据客户的描述确认客户描述相关的车辆故障内容,将车辆故障清楚有效地记录在《维修委托书》上,以便维修技师准确掌握故障现象。

2)问诊的作用

通过问诊,服务顾问可以根据故障难度、故障种类及维修技师工作量进行维修派工。对于车辆第一次进店便能以专业的问诊来正确引导维修方向,是能够有效地解决客户需求和提高一次性修复率的。

①问诊对维修派工的作用

a.根据故障难易程度来决定维修该车辆的维修人员。

b.根据故障种类来决定维修该车辆的维修人员。

c.根据人员工作量来决定维修该车辆的维修人员。

d.根据该车辆是否为返修车来决定处理方式和流程。

②问诊对车辆返修的作用

对于车辆第一次进店便能以专业的问诊,正确引导维修方向,能有效地防止再次返修。

若为返修,可以判断是否为同一原因造成的故障现象再现;若为返修,决定是否反映给服务经理予以特别处理;若为返修,可给予适当的真实一刻,于第一时间先缓和客户抱怨的程度。

③问诊对维修工作的作用

正确引导维修方向,是一次性修复的关键因素,有利于维修工重现客户的车辆故障出现时的情境。

(2)问诊方法及技巧

1)问诊方法

正确有效的问诊有利于快速发现客户车辆问题所在,避免反复与客户沟通。作为一名优秀的服务顾问,对于客户提出的感觉性故障及性能故障,一定要采用正确有效的问诊方法进行提问,然后将问诊结果正确地记录。

服务顾问在问诊时可采用"望、闻、问、切"的四步问诊法,即:

①望(视觉):观察车辆外观,是否漏油、漏水,各种零部件是否有异样。

②闻(嗅觉):闻是否有异味,如焦煳味、汽油味等。

③问(听觉):询问车辆状况及故障现象并作出判断。

④切(触觉):利用专用诊断仪进行诊断,确认故障。

2)问诊步骤

问诊步骤见表4.5。

表4.5　问诊步骤

序　号	步　骤	目的和要求	操作要点
1	倾听客户陈述	目的:仔细认真地倾听客户对故障的描述。 要求:通过对客户描述的记录和分析可作出初步判断	针对客户的描述,必须在现场对具体部位或部件进行确认; 将客户的描述准确地进行记录
2	通过问诊引导客户描述故障	目的:通过运用合理的问诊技巧,如5W2H方式、开放封闭式提问等方式,引导客户详细地描述故障现象。 要求:仔细认真地倾听客户对故障的描述	引导客户对故障进行描述,如出现频率、发生状态、故障产生时的现象等; 如实记录客户对故障现象的描述
3	初步诊断	目的:确立服务项目。 要求:根据故障现象推测发生故障的原因	初步诊断某些故障现象,不要立刻给予十分肯定的判断结果,但需要根据经验向客户提出几种可能的原因,同时最终车间的诊断结果应在此范围之中; 未经车间人员检查与索赔员判定,不要告知客户是否能索赔; 在确立维修项目时,要判断最终的维修结果是否需客户付费,如有收费的可能,需要提前告知客户并得到客户的认可

3)问诊技巧

规范的问诊技巧是服务顾问提高诊断故障的准确性的关键因素。其中"七何分析法"和开放封闭式提问的应用及结合,是准确把握车辆故障和客户需求的科学途径。

"七何分析法"又称"5W2H",它是 5 个"W"开头的英语单词和 2 个以"H"开头的英语单词进行设问,发现问题线索,进一步解决问题的工作方法,如图 4.9 所示。

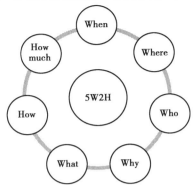

图 4.9　七何分析法

①"When"是指故障发生的时间,包括时间、季节等。

②"Where"是指故障发生的地点,如高速公路、市内道路等。

③"Who"是指故障发生时的驾驶人员,即是谁在驾驶车辆,与故障报修人是否一致。

④"What"是指故障发生时的详细情况,主要内容包括:哪个系统发生了什么故障,当时发动机变速器、仪表指示灯响及其他功能等的状态。

⑤"Why"是指故障发生原因,故障发生前车辆有没有发生过其他故障,或做过维修保养、改装或事故等。

⑥"How"是指怎么发生的,如雨雪天气、特殊路面、特殊地区等,客户是否有简单的感觉判断,发生时有没有其他伴随现象。

⑦"How much"是指故障发生的频率,到报修为止总共发生了多少次。

通过七何分析法能够准确地提出疑问,对于发现问题和解决问题是极其重要的。

服务顾问在提问时,问题可分为开放式问题与封闭式问题。开放式问题能给客户自由空间,决定如何回应问题;封闭式问题的答案简洁、明确,如"是"或"否",用于总结并向客户印证。

问诊示例:一个客户抱怨车辆左前部有异响

可以通过开放性的提问,引导客户提供所需的信息,比如:

问:"您的车辆的声音具体是哪个部位发出的?"答:"好像是车轮附近。"

问:"是什么路面响?"答:"在平路和颠簸的路面都会响。"

问:"什么时候响?"答:"在转弯和原地打方向时响得厉害。"

当收集到有用的信息后,可以用封闭性的问题进行总结,例如:

"您是说您的车在平路或者颠簸的路面、转弯或者原地打方向时,左前车轮附近响,对吧?"答:"是这样的。"

结论:"根据您的描述,我判断可能是左前外球笼有问题,我们可以先试试车,检查一下外球笼。"

（3）汽车常见故障以及对应的问诊要点

1）发动机常见故障以及问诊要点

①发动机常见故障

a. 发动机抖动（工作不稳）；

b. 发动机启动困难；

c. 异响；

d. 发动机熄火；

e. 发动机水温高；

f. 机油消耗高；

g. 燃油油耗高；

h. 加速性差；

i. 发动机故障指示灯亮。

②发动机故障问诊要点

发动机故障问诊要点，包括发动机工作温度、发动机工作状态、车辆路面行驶状况等，详见表4.6。

表4.6　发动机故障问诊要点

序　号	问诊要点	状　态
1	发动机工作温度	a. 发动机温度低 b. 发动机暖车时 c. 发动机温度正常 d. 发动机过热 e. 任何温度条件 f. 水温表指示温度
2	发动机工作状况	a. 怠速 b. 急加速 c. 匀速 d. 低速 e. 高速 f. 具体转速
3	车辆行驶路面状况	a. 平直路面 b. 转弯 c. 颠簸路面 d. 结冰路面 e. 市区、郊区、高速路
4	故障频率	a. 偶尔出现 b. 一直出现 c. 只在某个转速或速度下出现 d. 启动时出现

序　号	问诊要点	状　态
5	车辆行驶状况	a. 静止 b. 急加速 c. 匀速行驶 d. 低速行驶 e. 高速行驶 f. 滑行 g. 具体车速
6	发动机工作环境	a. 寒冷天气 b. 炎热天气 c. 雨雪天气
7	其他	a. 问题具体描述 b. 是否伴随故障报警 c. 保养状况 d. 油品品质 e. 是否出过大事故

发动机问诊示例1:发动机抖动(工作不稳)

a. 询问故障出现的频率(偶尔出现还是一直存在)

例:这种现象是一直都有还是偶尔出现呢?

b. 询问故障出现的发动机状况(怠速下、温度、转速、运动还是静止)

例:这种现象什么时候出现?(适当的引导:怠速时、中速、高速、低速运转时或具体的转速、急加速、收油门时等)

c. 询问故障出现的车辆行驶状况(静止、高速、中速、低速行驶、具体车速)

例:这种现象出现时车速是多少?(适当的引导:静止、高速、中速、低速行驶或具体速度。)

例:这种故障现象在几挡时出现?(1、2、3、4、5、R、N、P或所有挡位)

d. 询问故障出现时发动机工作温度(高速、低速、暖车时或具体温度)

例:这种现象出现时发动机温度是多少?(提醒客户水温表的指示:高、低速的具体温度)

e. 询问定期保养情况

例:您上次是什么时候、在哪里进行的什么保养?

f. 询问使用的油品

例:您经常到什么地方加油,加多少号的汽油?(引导:国营、民营、私营、中石油、中石化加油站)

g. 询问其他

例:故障出现时是否伴随有故障警告灯亮?是什么样的警告灯?

发动机问诊示例2:发动机异响

询问故障出现的频率、故障出现时发动机状况、定期保养情况、使用的油品等,还应询问异响出现的部位以及对现象的详细描述等。

例:异响出现在什么地方?(发动机前部、中部、下部、后部)

例:您能详细描述一下是什么样的声音吗?(适当的引导:"隆隆"声、"滴答"声、沉闷的金属声、磨碎声、"嘶嘶"声、敲击声、"咯咯"声、"辘辘"声、"吱吱"声、长而尖的声音、啸叫声等。)

例:发出的声音是连续的还是间断的?是有规律的还是无规律的?

发动机问诊示例3:机油消耗高

您是什么时候发现机油亏的?(时间或里程)

现在的机油油位是多少?(油尺标记下限还是低于下限,低多少?)

机油警报灯是否亮过?

您上次加满油至发现亏机油大概行驶了多少千米?

您的车跑了多少千米?

您是否按照规定进行了定期保养?

您是否发现有漏油的痕迹?

您是否发现车辆排气有什么异常?(冒烟,烟的颜色)

2)动力传递系统(变速箱和传动轴)常见故障以及问诊要点

①动力传递系统(变速箱和传动轴)常见故障

a. 异响;

b. 换挡时冲击;

c. 不能升降挡;

d. 换挡困难(手动);

e. 过早进入下一挡。

②问诊要点

a. 什么工作挡位(1、2、3、4、5、P、R、N、D);

b. 故常出现的时机(升挡:1进2、2进3等,降挡:3降2或2降1,离合器或变扭器接合时等);

c. 变速箱操作模式(经济、手动、雪地等);

d. 行驶条件(直线、转弯、急加速、滑行、刹车、高速、低速、什么速度下等);

e. 发动机转速(怠速、高速、低速、什么转速下);

f. 温度条件(水温高、低,冷车、热车,环境温度);

g. 故障发生频率(偶尔、一直、间歇还是周期性);

h. 路面条件(平直路面、颠簸路面、上坡、下坡、冰雪路面等);

i. 其他:有无故障报警。

动力传动系统问诊示例1:异响

您能描述一下是什么样的异响吗?("当当""嗒嗒""刺啦刺啦""哐当"等声音)

这个声音的发出部位是哪里?(发动机舱、底部、左前、右前等)

您是什么时候发现这个声音的?(时间或里程)

这个异响时发生的频率?(一直都有还是偶尔出现,是间歇的还是周期性的)

这个异响一般什么时候出现?(换挡时、匀速行驶时、滑行时、刹车时、加速时等)

这个异响在什么挡位出现?(1、2、3、4、5、P、R、N、D)

出现异响时是在什么路面?(所有路面、平直路面、颠簸路面)

在什么形式状况下出现最频繁?(直线、转弯、高速、低速、上坡等)

出现异响时是否有什么其他现象?(故障灯、抖动等)

动力传动系统问诊示例2:换挡困难(手动箱)

哪一挡换挡困难?(空挡挂1挡、1挡挂2挡,2挡挂3挡、3挡挂4挡、4挡挂5挡、空挡挂倒挡)

换挡时的转速是多少?

换挡时的车速是多少?

出现换挡困难变速箱是处于热车还是冷车状态?

车子的行驶里程是多少千米?

换挡困难的现象出现多长时间了?(里程和时间)

3)制动系统常见故障以及问诊要点

①制动系统常见故障

a.制动异响;

b.制动踏板硬;

c.制动跑偏;

d.制动距离长;

e.制动系统报警;

f.制动抖动。

②问诊要点

a.故障出现的时间和里程;

b.发动机转速(怠速、高速、低速);

c.车辆行驶状态(水温高、低;冷车、热车;环境温度);

d.故障发生频率(偶尔、一直、间歇还是周期性);

e.保养情况等。

制动系统问诊示例1:制动踏板硬

什么时候发现制动踏板硬的?(时间或里程)

故障出现时发动机转速是多少?(高速、怠速、停止)

故障出现时车辆行驶状态?(加速、减速、匀速、静止、转弯、爬坡、原地方向打死等)

故障出现时在使用哪些车上设备?(空调、音响)

故障出现时车辆的挡位?

什么时候换的刹车油或刹车片?(根据车辆的购买时间和行驶里程)

制动系统问诊示例2:制动距离长

从50 km/h制动距离大概有多长?(国家标准是不大于38 m)

制动时的路面状况是什么样的？（柏油路、水泥路、土路、沙石路、湿滑路面）

您是什么时候发现制动距离变长了？（时间或里程）

出现制动距离长时车辆的行驶时间？（刚开始上路、行驶了一段时间后等）

这种现象出现的频率？（一直都是这样、偶尔、特定条件下等）

什么时候换的刹车油或刹车片？（根据车辆的购买时间和行驶里程）

车辆轮胎状况怎么样？

车辆是满载还是半载时？（乘坐了几个人等）

4）其他常见故障

①行驶和转向系统常见故障

a. 异响；

b. 抖动；

c. 行驶跑偏；

d. 轮胎非正常磨损；

e. 转向沉重；

f. 转弯后车轮不自动回正；

g. 行驶颠簸。

转向和行驶系统问诊示例1：行驶跑偏

什么时候出现的行驶跑偏现象？（时间或里程）

向哪个方向跑偏？（向左还是向右）

行驶跑偏有多严重？（引导客户：行驶100 m 距离大概偏多少?）

在什么路面上跑偏？（高速公路、乡村道路）

车速多少千米时开始跑偏？

转向和行驶系统问诊示例2：抖动

什么时候出现的抖动现象的？（时间或里程）

您能描述一下抖动的状况吗？

出现抖动时车辆的行驶状况是什么？（直线匀速、直线加速、直线/转弯制动、转弯）

在什么路面上出现的抖动？（水泥、柏油、沙石、湿滑、结冰等）

车速多少千米时开始出现抖动现象？（高速、中速、低速）

②空调常见故障

a. 空调不制冷；

b. 空调制冷不足；

c. 空调无风或风量小；

d. 空调异味；

e. 空调出风口风向调节不正常；

f. 制热不足；

g. 出风模式调节不正常；

h. 后风窗除雾不正常；

i. 间断性制冷；

j. 异响（多见于鼓风机、空调压缩机、膨胀阀）。

舒适性系统-空调问诊示例：空调制冷不足

出现故障时发动机转速是多少？（高速、中速、低速、怠速）

车辆的行驶速度是多少？（高速行、中速行驶、低速行驶、静止）

当时的气温是多少？

这种现象出现的频率？（偶尔出现、一直出现、间断出现）

出现故障时的发动机温度是多少？（水温表指示）

打开空调时发动机转速有什么变化吗？（升高、不变、降低）

打开空调时冷却风扇是否高速运转？（是还是不是,提示客户是否能听到风扇高速运转声）

③雨刮、安全气囊常见故障

a.雨刮异响；

b.气囊灯报警；

c.雨刮刮不干净；

d.雨刮抖动。

车身系统问诊示例：安全气囊灯亮

什么时候首次出现气囊灯亮的？

气囊灯是一直亮还是偶尔亮？

如果偶尔亮,询问：

什么情况下亮呢？（打方向时、直线行驶、原地打方向等）

在什么路面上亮？（所有路面、颠簸路面等）

除了气囊灯亮,还有什么其他的异常现象吗？（比如灯光开关、巡航定速等）

是否进行过有关安全气囊的修理？

任务4.4　维修确认

车辆维修确认环节中,需要向客户解释清楚需要维修项目、费用、时间等内容,一般的流程如图4.10所示。

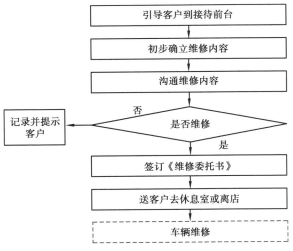

图4.10　维修确认流程图

（1）引导客户到接待前台

礼貌引导客户到接待前台就座，客户就座后，为客户提供饮用水，如有随行人同，同等对待。

现场话术示例：

"×先生/女士，您的车辆已检查完毕，请跟我到前台做一下确认吧。"

（2）初步确立维修内容

①据《预检单》上记录的客户需求及检查结果，初步确定维修项目、维修备件及维修工时。

②查询车辆历史维修记录及预防行动，再次完善此次维修内容，做好相应对策。如果是重复维修项目，立即通知技术专家进行维修质量控制；如果涉及"三包"责任故障或重复维修，应提前要求技术专家介入。

（3）沟通维修内容

1）维修项目说明

①向客户说明所报故障的形成原因及故障处理方法，以及维修所需备件费、工时费。

②对进行底盘检查的车辆，依据《预检单》中的记录，向客户说明检查结果（好的、坏的）。

③将检查中发现的而客户没有意识到的维修项目，告知给客户，同时建议维修，如客户同意，做好相应记录。

④对于保养车辆，需要用户提供《保养手册》，并找出符合车辆的《保养表单》，向客户说明将要对车辆进行的保养内容。

现场话术示例：

"×先生/女士，根据维修技师的检查，您车辆的左前减震器由于漏油，导致减震器失效，因此，行驶过程中会产生异响，需要更换，更换减震器的材料费是××元，工时费用是××元，您看这次需要更换吗？"

"您这次更换的减震器可享受我们的备件保修政策。另外，通过检查，您车辆底盘各部件的使用状况都还比较好。"

"您车辆这次××公里的保养，需要更换机油、机滤，还将对发动机舱的各液面进行技术检查和必要的添加；同时还将检查各机构的连接状况、密封状况、灯光状况、轮胎以及刹车片的磨损状况等十一项内容。另外，还将对空滤、座舱空滤进行清洁；之后还需用测试仪对您的车辆的保养提示进行初始化，并对内存故障进行诊断、清除；最后，我们的质检员还要进行路试。您看怎么样？"

2）维修费用估算

①对维修费用进行估算，并将维修费用按备件费、工时费进行细化。

一般在售后接待区的显眼位置都会设有价目表，如图4.11所示。价目表清晰、透明地向客户展示价格，这可以有效地避免客户可能产生的一些疑惑。

②对于某些维修项目，如果不能立即准确地估算出维修费用，告诉客户总费用要在对车辆进行详细诊断后给出。

现场话术示例：

"×先生/女士，您这次车辆的保养所需的材料有机油、机滤，共××元；保养工时费是××元，加上更换左前减震器，材料费××元，工时费××元，总共费用是××元。"

常用维修项目工费价格一览表					单位: 元
	项　　目	××车型	××车型	××车型	××车型	××车型
保养项目	更换机油、机滤	40	40	40	50	60
	更换空滤	20	20	20	25	30
	更换汽滤	20	20	20	25	30
	更换空调滤芯	40	40	40	50	60
	更换火花塞	40	40	40	50	60
	更换高压线	40	40	40	50	60
	更换防冻液	60	60	60	75	90
	更换刹车油	120	120	120	150	180
	更换转向助力油	80	80	80	100	120
	更换自动变速箱油	120	120	120	150	180
	更换手动变速箱油	80	80	80	100	120
	更换差速器油	无	无	无	无	240

图 4.11　价目表示意图

3）车辆交付时间估算

①根据备件库存情况、工作次序、维修工作负荷、车辆作业时间、维修车间工位使用状况等估算车辆交付时间。

②如果备件缺货,则应立即通知备件部门进行紧急采购,了解到货时间,告诉客户,可另预约维修时间。

③与客户进行协商,在尽量满足客户要求的前提下,商定车辆维修后交付时间。

现场话术示例:

"您车辆这次保养和维修至少需要两个半小时,在维修过程中,我会及时向您通报进展情况。如果在维修过程中发现其他问题,我会第一时间向您通报,并获得您的维修确认。好吗?"

(4) 签订维修委托书

①根据经与客户商量后确认的维修项目以及车辆预计交付时间,在汽车经销商管理系统中对初步开具的《维修委托书》进行修改、完善,并打印《维修委托书》如图 4.12 所示。

②利用《维修委托书》再次与客户核实维修项目有无遗漏,并说明维修费用为预估费用,实际费用以车辆维修完毕后的《结算单》为准。

现场话术示例:

"×先生/女士,您这次的维修总费用是 1 578 元,这只是预估费用,实际费用以车辆维修完毕后的《结算单》为准。如果没有其他问题,请您在这里签字确认。"

③如车辆涉及预防行动,按预防行动的要求操作,向客户作说明。

④征询(自费维修)客户对其车上更换下来零件的处理意见,如果客户希望看到或者收回旧零件,应在《维修委托书》上注明;否则,由本店自行处理(质量担保期内的零件、预防行动更换下来的零件除外)。

⑤征询客户意见:车辆维修完毕后,是否需要本店对车辆进行免费清洗,并在《维修委托书》上注明。

维修委托书

网店编码 网店名称

车　主		联系地址		送修人	
联系电话				送修人电话	

委托书	购车日期	车牌号	车　型	颜　色

VIN号	发动机号	行驶里程	送修时间	预计交车时间

维修内容	工　时	单　价	工时费	维修类型	备　注

备件编码	备件名称	数　量	单　价	备件费	备　注

新增维修项目

服务顾问签字	客户签字

客户意见		工时费	
本次维修的旧件您希望：带走（　）不带走（　） 您的车辆是否需要清洗：清洗（　）不清洗（　）	维修费 用预估	备件费	
		其　他	
		共　计	

本单据一式三份：客户、财务、车间各执一份。维修前请仔细阅读维修须知（见客户联背面），双方签字后，维修委托书上所记录内容均要遵守。

图4.12　维修委托书

现场话术示例：

"×先生/女士,您这次更换下来的旧件,需要带走吗?"

"×先生/女士,您的车辆维修工作结束后,是否需要免费清洗一下呢?

⑥对于涉及某些安全件的维修项目,应着重向客户进行说明,并建议维修。若客户拒绝,请客户在《维修委托书》签字确认。

⑦向客户说明在维修过程中如果有新的增补维修项目发生时,服务顾问将会通知客户增补维修项目的内容、费用估算、维修时间以及交付时间的变更;确认客户同意增补维修的方式（现场签字、电话、短信、传真、邮件回复等),并记录在《维修委托书》上;更新《维修委托书》内

容,需客户重新签字。

现场话术示例:

"如果有新的维修项目需要增补,是通过现场签字确认呢还是……"

⑧请客户确认上述项目并在《维修委托书》上签字,之后服务顾问签字。

⑨将《维修委托书》的客户联交给客户。

现场话术示例:

"×先生/女士,这是您的维修委托书,请您收好。车辆维修结束后,进行提车时需要出示该《维修委托书》。"

(5)送客户去休息室或离开本店

①安排客户休息或送走客户。客户如需要在店内等待时,送客户到休息室休息,并为客户递上一杯水或饮料;如果客户不在店内等待,则礼貌、热情地送客户至本店门口。

②将双方签字后的《维修委托书》的车间联、《预检单》(对于保养车辆还有《保养表单》)交给车间调度。

任务4.5 车辆修理

签订好《维修委托书》后,就进行派工与维修作业,一般的车辆维修流程如图4.13所示。

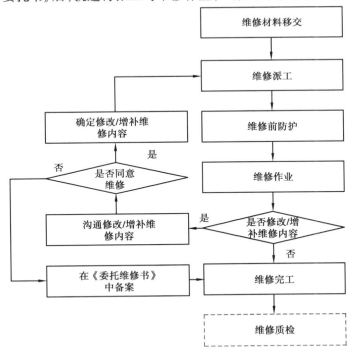

图 4.13 车辆维修流程图

(1)维修材料移交

①服务顾问将《预检单》《维修委托书》《保养表单》等交给车间主管或车间调度,并进行

必要的说明。

②如果涉及"三包"政策或客户有特殊需求,应向车间主管或车间调度进行说明。

(2)维修派工

①车间主管或车间调度根据车间维修资料合理进行派工。

②如果涉及"三包"政策维修内容,技术专家需全程指导车辆维修。

③以下工作应该予以优先安排

a.返修车辆;

b.预约进店服务的车辆;

c.质量保修内的车辆。

④车间主管必须掌握车间总体的维修工作的时间;掌握各维修班组维修工作的时间,保证生产均衡地安排工作;掌握相关维修班组及个人的技术水平进行派工。

⑤了解维修工作类别、工作复杂程度以及标准作业时间并妥善地进行派工。

(3)车辆维修前的防护

①确认车辆是否已安装防护五件套。如果没有,则需安装。

②如果需要打开发动机舱进行检查、维修操作,必须在翼子板上加装翼子板护垫。

(4)维修作业

①详细阅读《预检单》和《维修委托书》,了解所有维修项目和内容,以及故障处理方法。

②据《维修委托书》上的备件编号,到备件仓库领取备件。

③查阅维修工艺流程和相关工具使用标准,使用专用工具、常用工具及设备。

④对照《维修委托书》维修项目和维修内容,严格按《维修手册》或《技术快讯》的工艺要求进行维修,并遵守安全和环境保护规定。

⑤对于保养车辆,按《保养工艺》要求操作,并在对应的《保养表单》中做记录。

⑥在维修过程中,拆卸下来的零件须分类存放在干净容器内,并摆放有序。

⑦应充分考虑车辆交付时间,合理安排作业时间。

⑧对于电器电路或多路传输线路的维修,要确保在维修工作完毕后对车辆计算机内存储的相关故障记录进行清除。

⑨如果无法在规定的时间完成维修,必须提前告知车间主管或车间调度、服务顾问,服务顾问立即向客户说明原因并致歉,并重新与客户约定交车时间。

⑩维修过程中如需要外出路试,应取得客户同意后再实施。

⑪服务顾问应及时跟踪维修进展。

在维修作业中,服务顾问应及时跟踪维修进度,并不定时地向客户进行通报,并询问客户是否还有其他要求。如果客户在休息室,应为客户添加饮料。

图4.14为维修进度看板。维修进度看板的作用:设置维修看板可以让客户不用进入车间就可以了解自己爱车的维修进度,估算自己所需的等待时间,也能够避免客户进入维修车间而发生的一些意外;同时,等待维修完工的客户也可以借此了解自己仍需等待的时间。

维修进度看板填写内容包括主修技工、预计完工时间,并据此跟踪维修进度,将维修过程中发生的意外情况反映到该看板上。例如:发现新问题、等待客户回复、等待备件、在修、完工待检、检验合格、等待结算等。

维修作业看板只反映当天的在修车辆动态状况和维修资源利用状况,是实现维修业务直观管理的有效辅助工具。

维修作业看板应置于服务顾问、车间主管或车间调度及客户能方便看到的地方,可在服务接待前台和维修车间各放置一块。

维修作业看板由车间主管或车间调度进行管理和更新。

维修进度管理板																	___年___月___日
工位号	预约	技工	车牌号	交车时间											机电维修	车身修理	状态备注	预派工
				月	日	9:00	10:00	11:00	12:00	13:00	14:00	15:00	16:00	17:00	18:00			
1																		
2																		
3																		
4																		
5																		
6																		
7																		
8																		
9																		
10																		
11																		
12																		
13																		
14																		
15																		
16																		
17																		
18																		
19																		
20																		
脱离工位	等待开工																	
	等待零件																	
	等待确认																	
	完工待检																	
	等待交车																	

标志: 等待开工 ⬤ 工作进行 等待零件 等待确认 完工待检 等待交车

图4.14 维修进度看板

(5)修改或增补维修内容

①维修过程中发现的需修改或增补维修项目,经过车间主管或技术专家认可后,立即反馈给服务顾问。

②服务顾问第一时间将修改或增补的维修项目内容、费用及时间告知客户,并记录在《维修委托书》中。

③若客户在店内,让客户现场在《维修委托书》上书面确认是否维修。

④若客户不在店内,通过电话、短信、邮件等方式让客户确认是否维修,并告知客户提车时进行补签。

⑤在没有获得客户对修改或增补维修项目意见情况下,不得进行任务修改或增补维修工作。

现场话术示例:

"×先生/女士,我们的维修技师在维修过程中,发现车辆前后刹车片磨损的比较厉害,已快到极限值了。为了行驶的安全,建议您更换。"

"此次更换前后刹车片的备件费用××元,工时费××元,一共是××元。"

"我们在此之前预计的交车时间会延时半个小时,我们会抓紧时间,尽快完成车辆的维修工作。……如果没有其他问题的话,请您在这里签字进行确认。"

维修增补项目的服务标准见表4.7。

表4.7 维修增补项目的服务标准

操作步骤	服务内容和标准	管理工具	责任人
检查诊断结果	①在检查或维修保养过程中,发现的问题及需要解决的必要性; ②通过故障诊断所确定的故障原因及其解决方法	维修委托书	维修技师 服务顾问
增补维修内容	①需要增补的维修项目及内容 ②需要更换的零件 ③维修费用(工时/零件)的估价 ④承诺交车的时间 ⑤如果是属于保修范围,具体按照标准进行	维修委托书	服务顾问
获得客户同意	获得客户的同意后,填写增补内容:维修项目、更换零件、工时费、零件费、交车时间	维修委托书 电话记录本	服务顾问

(6)增补项目的处理技巧

1)增补前要做的事(如何避嫌)

①认真执行初检。

②准备好增补的证据。

③准备好增补的话术及分析。

④预估好费用及时间。

2)增补时要做的事

①确认问题应立即解决。

②确认物料准备充足。

③确认客户同意增补项目及增补费用。

3)向客户说明的技巧

①确认问题的严重性。

②确认客户听到增补的反应。

③专业性高时要让客户到现场由技师说明。

④当金额很高时需要设法帮助客户先暂时性处理。

⑤当金额很高时要设法做折扣或优惠的思考。

⑥无论客户要不要做增补项目都要感谢客户。

4)维修完工

对于自费维修项目,客户希望看到或收回更换下来的零部件时,则应将旧件放置到指定的位置。如果是小件,可以装入塑料袋并放入车辆后备厢中;如果是大件,则应放置在旧件展示区内。

任务4.6 维修质检

维修质量是企业赖以生存的重要目标,控制得好与坏直接影响到企业的品牌提升,是影响今后生意是否长远发展的重要因素,也是客户最为关心的问题,因此,企业要在经营过程提高车辆故障一次性修复率服务指标,减少返修的投诉发生,增加客户满意度。

车辆经过保养维修后质量是否能够得到保障,是客户关心的一项重要服务指标。这不仅是客户关心的问题,国家法律法规也出台了维修质量相关措施。

2013 年 1 月 15 日,国家质检总局正式发布了《家用汽车产品修理、更换、退货责任规定》,明确了"汽车三包"的概念。"汽车三包"是指汽车产品生产者、销售者和修理者在内,因汽车产品质量问题,对汽车产品修理、更换、退货的行为。其中,质量保证期包括保修期、"三包"有效期和易损耗零部件的质量保证期。

在家用汽车产品"三包"有效期内,因产品质量问题修理时间累计超过 35 日的,或者因同一产品质量问题累计修理超过 5 次的,消费者可以凭"三包"凭证、购车发票,由销售者负责更换。该规定 2013 年 10 月 1 日开始执行。

4.6.1　质检的重要性

维修技师完成每辆车的维修后都需要检查以确保该车辆的维修或保养达到满意的效果。对于任何返工的车辆都应该予以高度重视,并且对客户的抱怨做好记录登记,以便于进行跟踪,使得这些问题得到解决。

质检是整个流程中特殊的环节,其重要性在于一次性修复车辆,避免返工,或者是使得返工率最小化。

4.6.2　质检流程

质检流程如图 4.15 所示。

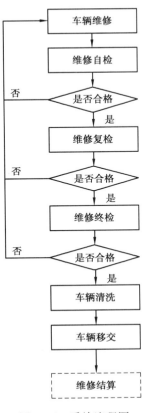

图 4.15　质检流程图

（1）**维修自检（维修人员）**

①维修保养结束后，维修人员依据《维修委托书》和《保养表单》的内容逐项进行完工检查。

②确定维修合格后，在《维修委托书》及《保养表单》中签字确认。

③检查是否有工具、维修耗材、螺丝等遗漏在发动机舱、驾驶室或后备厢内。

（2）**维修复检（班组长）**

①维修人员自检合格后，班组长再次确认维修项目的维修完成情况，如果不合格，则进行返工。

②车辆返工后如果无法在规定的时间交车，应及时通知服务顾问。

③班组长确认是否有工具、维修耗材、螺丝等遗漏在发动机舱、驾驶室或后备厢内。

④如果车辆维修项目还需要其他班组维修的，则将车辆移交其他班组。

（3）**维修终检（质检员）**

①涉及"三包"责任故障和重复维修，技术专家亲自进行质检。

②逐一对《维修委托书》上的维修保养项目进行检查，必要时进行路试。

③针对保养车辆，根据《维修保养质检表》的提示逐项进行检查，并进行记录。

④每项完工项目是否符合《维修手册》及《技术快讯》的技术要求。

⑤质检过程中发现不合格项目时，在《维修保养质检表》中记录原因，并通知班组长安排返工。

⑥质检完成后，完善《维修保养质检单》及《维修保养质检表》中信息，并签字确认。

⑦确认是否有工具、维修耗材、螺丝等遗漏在发动机舱、驾驶室或后备厢内。

⑧确认更换下的旧件是否包装且放在后备厢内。

⑨将质检合格车辆、钥匙及全部表单移交给车间主管或车间调度。

（4）**车辆清洗**

①车间主管或车间调度根据《维修委托书》中客户意见安排是否洗车。

②车辆清洗完毕后，将车辆停放在"车辆竣工区"。

（5）**车辆移交**

车间主管或车间调度将车辆钥匙及全部表单移交给服务顾问，并告知车辆位置。

4.6.3 质检过程中注意要点

①依《维修委托书》所记载的维修保养项目逐项检查，以确认每一项均已完成。

②对于有试车的项目，需要车间总检进行路试验收。

③对于返修车辆之问题点，须全部进行复检工作，确定问题点已处理完成。

④利用店内检验设备，对于制动等安全项目进行测试，以保证维修品质和车辆的使用安全。

⑤对于客户所交代的免费服务项目（车辆检查类），应逐项进行检查切勿疏漏。

⑥检查车身内外的清洁，须留意技师可能因疏忽所造成状况，如仪表板上有手印、门把上残留油渍等。

⑦旧品应以废纸箱存放于适当位置。旧品若有油或水而可能造成溢出时，应先以干净塑料袋密封，并对污秽部位先予清理，以免污损车辆。

⑧在进行交车完检时,应注意部分机件的润滑,如四门铰链、座椅机构等,这些操作易带给客户好感,为再次的合作打下良好的基础。

⑨必须将车辆妥善停放固定位置,并于《维修委托书》上注明,以免交车时到处找车,造成交车时间拖延。

⑩若完检时发现维修上的瑕疵,或是出现漏修项目而导致无法准时交车时,除紧急通知该车的维修技师再作处理外,还应即刻联络客户说明延后交车,以减少客户等待时间。

⑪统计完检时的瑕疵或缺失,如属于维修能力引发的,以实际的事例或数据发给车间管理人员,并要求维修技师改进。

4.6.4　返修工作要点

若车辆未一次修好或客户投诉,应竭尽所能尽快帮客户处理。可集合技术专家讨论故障原因,慎重处理。

若为出店前内部返修,则问题不大,在交车时间范围内,可不用向客户说明,并自行尽快处理;若维修时间可能超出交车时间,则必须提前向客户说明,请求谅解,并尽快处理。

若为出店后返修,填写"返修单",了解问题详细点,慎重处理。安排技术能力强的维修技师或技术专家,尽快找出故障原因,以消除客户不满。对于重大投诉类的客户,还应注意媒体曝光隐患,尽量做到短时间、低成本地处理投诉。

返修工作要点,如图 4.16 所示。

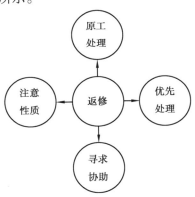

图 4.16　返修要点

(1) 原工处理
返修车原则上可派给原技师处理,但对于返修原因,服务顾问须确实掌控与了解。
(2) 优先处理
返修车派工应采用优先处理的方式,并且以适当的原因向车主说明及道歉。
(3) 寻求协助
重大问题的返修车,应立即与技师或资深技师展开会诊,以彻底解决此问题。
(4) 注意性质
新品零件不良造成返修,应注意是批量问题还是个案现象,若为批量问题,应立即向相关单位反应,以寻求解决。

4.6.5 一次性修复率控制

一次性修复率是评价服务质量的关键参数,一次性修复率控制流程见表4.8。

表4.8 一次性修复率控制流程

业务流程	控制流程	记录和整改流程
接车	记录时应忠实于客户描述的原意,并注重询问客户车辆故障发生时的现象、日常使用习惯、故障发生频率及条件	—
诊断	明确判断故障后进行维修; 如出现较难重现、新的或暂时难以准确判断的故障,应查阅相关技术资料,或由技术骨干协助判断	新的问题、疑难杂症或暂时难以准确判断的故障应予以记录
维修	无工单的车辆一律不准进车间; 维修作业时,技术人员应在完全了解车辆故障原因的基础上,严格按照维修手册进行维修;树立质量第一的思想,实行上下工序互检方式 当维修过程中一旦发现维修方案有偏差或其他故障隐患,应及时与车间主管、服务顾问联系,并改正维修方案	—
质检	维修完成后,应严格执行三级质检制度,车间主管对维修完工车辆进行抽检(常规保养车辆、常规修理车辆、事故车修理)	维修完成后,车间主管应针对一些疑难杂症或新问题进行故障原因的分析、记录
返工	发现故障未解决或未达到质量要求,质检人员应填写返修处理记录表,随同原工单退回给维修班组进行返流程	质检人员对于出现的返工项目予以记录,每周进行汇总上报给车间主管,车间主管作出具体分析
返修	车辆开出车间后,如再次发现故障,查阅上次维修记录,确认是否为返修项目;如属返修项目,应开具维修工单(应标明返修标志)和返修处理记录表交车间维修,并在车顶上放置返修标识牌;如属非返修项目,则进入正常维修保养流程	返修车处理记录表由服务经理存档,定期(每周至少一次)与车间主管或技术主管共同分析返修原因及所采取的对策并记录 车间主管和服务经理共同召集相关人员针对未能一次性修复的案例,每周组织一次专项技术交流 服务经理每月组织所有服务体系员工开会,讨论一次性修复与准时完工的绩效、管理、技术通报返修改善的措施 技术主管收集返工或返修案例作为内训教材,车间主管每月汇总填写返修车月报表
返修后交车	维修完后,返修工单(应标明返修标志)返修处理记录表交服务经理审核后方可交车	各种新问题、疑难杂症及返修问题的解决方案及故障原因及时反馈到上级

任务 4.7　结算交车

4.7.1　维修结算

车辆完工后,在通知客户可以提取车辆之前,服务顾问必须对车辆进行一次最终的确定检查,所有的维修项目都需要检查,以确保维修工作已经按照客户的要求完成,并且在与客户达成的维修费用及交车时间内完成。确认无误后,通知客户可以提取车辆。在客户未提取车辆之前,打印好结算清单。

维修结算流程如图 4.17 所示。

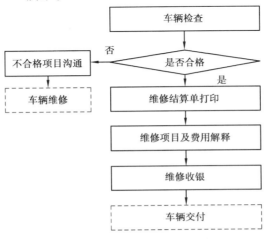

图 4.17　结算流程图

（1）车辆检查

①服务顾问拿到车辆钥匙时,应立即到竣工区检查车辆。

②检查确认车辆内外清洁度(针对清洗后车辆)。

③检查确认车内是否遗留抹布、维修工具、小零件等。

④尽可能将座椅、空调、音箱等复位。

⑤确认客户希望看到或收回更换下来的旧件是否装好并放在后备厢内。

⑥确认客户提出的所有维修保养项目、修改增补项目都已维修和处理并合格,若不合格,则通知车间返工。

（2）维修结算单制作

①核对维修费用,包括备件费用、工时费用等。

②使用汽车经销商管理系统完成维修结算,并打印《维修结算单》。

③针对保养车辆,在《质量质保和保养手册》中记录已进行的保养,并加盖网点印章。

（3）维修项目及费用解释

①通知客户交车,引导客户到接待前台,并为其倒上茶水或饮料。

②借助《维修结算单》详细说明每个维修项目内容、费用。

现场话术示例：

"×先生/女士，您这次的维修保养我们更换了机油、机油滤清器、左前减震器以及前后刹车片；同时还像之前我向您解释的一样，对车辆的十一个项目进行了检查和调整。现在发动机舱的各个液面都保持正常，空气滤清器和座舱空气过滤器也进行了清洁。我们的维修技师还用电脑检测仪对车辆电脑进行了诊断，一切正常，并且还对车辆的保养提示作了初始化。我们的质检员经过路试，您车辆原来行驶中的颠簸感已经消失，刹车状况良好。"

"您这次维修保养的材料费是××元，工时费是××元，总共是××元，更换下来的旧件已经放在您车辆的后备厢里了。"

③邀请客户在《维修结算单》上签字确认。

④依据《保养表单》《质量担保和保养手册》上的记录进行说明，简要介绍保修条款和定期保养的重要性。

⑤依据《维修保养质检单》向客户建议近期需要做的维修，并提醒客户下次保养的时间或里程。

现场话术示例：

"×先生/女士，您车辆下次保养的里程是××千米，按您的车辆使用习惯应该是××月以后了，到时我们会提前给您短信提示的。"

⑥向客户要回《维修前预检单》及《维修委托书》的客户联，并与《保养表单》《维修结算单》客户联、《维修保养质检单》《质量担保和保养手册》放入"票据袋"中。

（4）维修收银

①陪同客户一起到收银室进行维修收银，并开具发票。

②将发票放在"票据袋"后，将"票据袋"递送给客户。

③引导客户到竣工区交车。

4.7.2　车辆交付

车辆交付流程如图 4.18 所示。

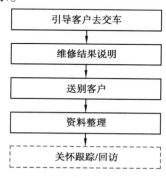

图 4.18　车辆交付流程图

（1）引导用户去交车

携带《维修委托书》《维修结算单》、车辆钥匙，陪同客户去竣工区进行车辆交付。

（2）维修结果说明

①借助《维修委托书》及《维修结算单》向客户说明具体的维修项目，并向客户展示结果。

②向客户说明车上某些配置可能调整过,麻烦客户自行复位。

③向客户展示更换下来的旧件,并咨询客户对旧件的处理意见。

(3)服务评价

①征询客户对此次服务的整体感受及建议,如实记录并表示感谢。

②告知客户本店的服务顾问将在三日内对客户进行电话回访,以了解车辆状态,希望得到客户的支持与配合。

③再次提醒客户其车辆下次保养的时间或里程,诚邀客户提前进行预约,并说明预约的政策。

④征得客户同意后将下次保养提示静电贴粘贴在车内适当位置。

⑤给客户递送名片,提醒客户今后如有任何需求可随时联系。

(4)送别客户

①当着客户的面取下车辆防护套,并将车钥匙及出门条递送给客户。

②待客户上车后,轻轻关上车门,然后向客户致谢,并目送客户离开。

(5)资料整理

①在汽车经销商管理系统中进行交车操作。

②整理好全部单据,如《预检单》《维修委托书》《维修保养质检表》《维修结算单》等,并转交给客服部门存档。

任务 4.8　回访客户

良好的后续跟踪服务,一方面能够掌握售后服务的维修业务存在的不足,另一方面又能够更好地了解客户的期望和需求,接受客户和社会监督,增强客户的信任度。后续跟踪服务是一项整体行为,高层管理人员应将其作为增强员工服务意识、改进工作作风、提高服务质量的一项重要措施,要落实后续服务中所反映出来的问题,来改进工作及事后改进的工作和检查,使其真正发挥后续跟踪服务的作用,促进服务和维修工作上一个新的台阶。

维修后跟踪服务基本要求如下:

①维修企业必须保证车辆在修后交车三日内对每一位客户进行电话关怀跟踪,了解维修后车辆是否在良好的状态。

②跟踪服务工作由服务顾问担任。

③电话跟踪的结果必须记录。

④对有问题或抱怨的客户进行妥善的跟踪及处理。

4.8.1　关怀跟踪

车辆维修后进行关怀跟踪的流程如图 4.19 所示。

(1)回访前准备

①服务顾问在完工交车后次日,在汽车经销商管理系统中查询回访客户清单。

②准备回访客户保养记录。

③依据《维修委托书》记录的适合回访时间致电客户。

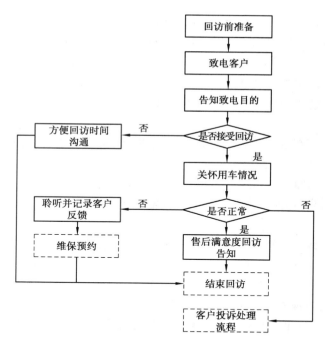

图4.19 关怀跟踪流程图

（2）致电客户

①应尽量避开客户休息或工作高峰期致电，如客户无法接通，应在不同时间段尝试给客户再次致电。

②电话接通后先问候客户，然后作自我介绍并确认接听电话者的姓名。

（3）告知致电目的

①说明致电目的，告知与客户电话沟通的预估时间，客户同意后再进行沟通，否则向客户致歉并结束通话。

②如客户当时不便接听，征询客户方便沟通的时间，并礼貌道别。

（4）关怀用车情况

①关怀客户车辆的修后使用情形。礼貌地告知客户车辆在使用中如有任何需要服务的，可随时联系服务顾问。

②客户如反馈有不满意项目或建议事项，服务顾问应仔细聆听，逐一记录客户提出的抱怨、疑问、建议事项，并做相应解释，服务顾问如无法及时解决，则应为客户预约回店时间以便进行检修。

③客户如有不接受解释或不愿意回店检修的重大不满意项目，服务顾问应立即按"客户投诉处理流程"规定反馈给相关人员处理。

（5）售后满意度回访告知

①告知客户本店的服务质量专员将在三日后对客户进行售后满意度回访，希望得到客户的支持与配合。

②告知客户车辆在使用过程中如有任务疑问，可随时电话联系。

③结束通话后应等客户先挂断电话后再轻轻放下话筒。

4.8.2 售后满意度回访

售后满意度回访流程如图 4.20 所示。

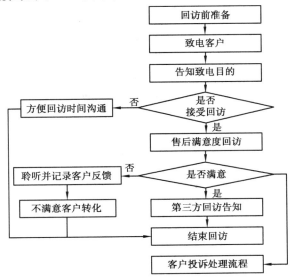

图 4.20 售后满意度回访流程图

(1)回访前准备

①在汽车经销商管理系统中查询并核实回访任务。

②检查汽车经销商管理系统录音系统是否正常。

③查看需回访客户的信息、车辆的维修历史记录等。

④了解需回访客户方便回访的时间段。

(2)致电客户

①应尽量避开客户休息或工作高峰期致电,如客户无法接通,应在不同时间段尝试给客户再次致电。

②使用标准的开场白进行回访,回访时面带微笑,普通话标准,口齿清晰,注意语速、语调。

③电话接通后先问候客户,然后作自我介绍并确认接听电话者的姓名。

(3)告知致电目的

①说明致电目的,告知与客户电话沟通的预估时间,客户同意后再进行沟通,否则向客户致歉并结束通话。

②如客户当时不便接听,征询客户方便沟通的时间,并礼貌道别。

(4)售后满意度回访

①根据汽车经销商管理系统中的回访问卷逐项进行提问,并如实记录客户的回答。

②如果客户对服务不满意,则仔细聆听客户的描述并如实记录,电话中如无法解决,则主动预约客户到店处理。

③对维修质量不满的客户,如涉及"三包"责任故障,立即通知技术专家。

④如果客户产生抱怨或投诉,则按客户投诉处理流程执行。

（5）第三方回访告知

①告知客户如果接到第三方调查公司回访专员对其进行的回访,希望得到客户的支持与配合。

②感谢客户的意见及建议,礼貌告别客户。

③结束通话后应等客户先挂断电话后再轻轻放下话筒。

（6）整理回访记录

回访人员应做好回访记录,作为质量分析和客户满意度分析的依据,《回访记录表》见表4.9。回访中如果发现客户有强烈抱怨和不满,应耐心地向客户解释说明原因并及时向服务经理汇报,在24小时内调查清楚情况,给客户一个合理的答复,以平息客户抱怨,使客户满意,不可漠然处之。

表4.9 回访记录表

日期_____

序号	客户姓名	车牌号	联系电话	维修单号	出4S店时间	车辆使用情况	工作人员态度	工作人员效率	工作人员业务水平	满意度	意见与建议
1											
2											
3											
4											
5											

复习思考题

一、填空题

1. 五件套的使用是指_____、_____、_____、座椅套和脚垫纸。

2. 预约可以分为_____和经销商主动预约。

3. 问诊中常用的 5W1H 指的是 _____、_____、_____、_____、_____和 How。

4. 首保中需要更换_____和_____。

二、判断题（你认为正确的打"√",错误的打"×"）

1. 服务顾问从维修技师的诊断中进行了大体的维修估计。在将估计的情况告诉客户之前,服务顾问首先应当弄清楚有无需要的零件。（　　）

2.《维修委托书》上的车辆行驶里程数应该根据客户口述的里程数填写。（　　）

3. 客户抱怨是一种满意程度低的最常见的表现形式,因此,没有客户抱怨就表明客户很满意。（　　）

4. 客户的车辆从修理开始,到最终完成这个过程,应全部由车间人员负责,服务顾问可以不参与。(　　)

5. 为了节省时间,需要进行某些小修理时可以先修理再通知客户。(　　　)

三、简答题

1. 服务顾问交车注意事项有哪些?

2. 预约的好处有哪些?

3. 怎么进行维修项目说明?

模块 **5**

客户满意度与客户关系管理

〰〰〰〰〰〰〰〰〰〰〰〰〰〰〰〰〰〰〰〰〰〰〰〰〰〰〰〰〰〰〰〰〰〰〰

[学习目标]

1. 掌握客户满意的概念,并具有分析客户满意度的能力。
2. 掌握客户关系管理的本质,并在实践中运用。
3. 了解实施客户关怀的原则及技巧。

[学习内容]

1. 客户满意度管理。
2. 客户投诉的处理。

任务 5.1　客户满意度管理

5.1.1　客户满意度的概述

客户满意度也称客户满意指数。客户满意度是指客户对其需求或期望已被满足的程度的感受。换言之,就是客户通过对一种产品或者服务可感知的效果,与其期望值相比较后得出的指数。为评价和衡量感受状态的水平,营销学家引入了"客户满意度"这一指标,即根据客户期望值与体验结果的匹配程度得出的总体和细化指数。

客户在选购汽车产品和服务时,常从价值与成本两个方面进行比较和衡量,从所有待选的汽车产品中选择出价值最高、成本最低的产品或服务,以满足自己对产品或服务的需求。

美国管理学家菲利普·科特勒针对客户满意度有以下三点内涵:

①客户满意度受多种因素的影响,是一种对提供的产品或服务的预期与实际的比较。这些产品和服务由多种因素组成,任何一种因素欠缺都会形成预期落差,造成客户不满意的结果。

②能够使一个客户满意的产品或服务,未必会使另外一个客户满意。不同客户有性格差异、审美观差异、价值观差异等,他们对所提供产品和服务的预期也不一样。因此,对他们提供

相同的产品或服务,也可能造成不同的落差,高于预期则满意,低于预期则不满意。

③能使得客户在一种情况下满意的服务,在另一种情况下未必能够使其感到满意,客户的预期会随着时间的变化而变化。用原来的服务来应对变化了的预期,就可能造成客户不满意。

(1)客户满意度的意义

汽车服务企业在每天经营中最重要的两件事情:留住旧客户和开发新客户。开发新客户需要找到客户、促销活动、品牌塑造、广告宣传、好感提升、信心建立、技术口碑七个因素,留住旧客户需要好感提升、信心建立、技术口碑三个因素,因此开发新客户的成本常常比留住旧客户的成本要高很多。

(2)影响客户满意的因素

汽车服务行业影响客户满意度的三个因素,如图 5.1 所示。

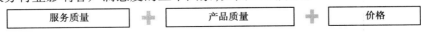

图 5.1　客户满意度的三个因素

1)服务质量

全美最权威的客户服务研究机构美国论坛公司投入数百名调查研究人员,用近 10 年的时间对全美零售业、信用卡、银行、制造、保险、服务维修等 14 个行业的近万名客户服务人员和这些行业的客户进行了细致深入的调查研究,发现一个可以有效衡量客户服务质量的 RATER 指数,如图 5.2 所示。

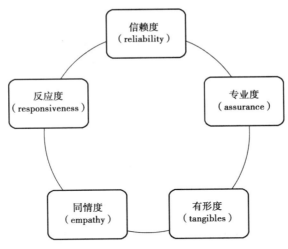

图 5.2　RATER 指数

RATER 指数是五个英文单词的缩写,分别代表 reliability(信赖度)、assurance(专业度)、tangibles(有形度)、empathy(同情度)、responsiveness(反应度),而客户满意程度直接取决于 RATER 指数的高低。

①信赖度:信赖度是否能够准确可靠地履行自己对客户所作出的承诺,当企业真正做到这点的时候,企业就拥有良好的口碑,赢得客户的信赖。

②专业度:专业度是指企业的服人员所具备的专业知识、技能和职业素质,包括提供优质服务的能力、对客户的礼貌和尊敬、与客户有效沟通的技巧。

③有形度:有形的服务设施、环境、服务人员的仪表以及对客户的帮助和关怀的有形表现。

④同情度:同情度是指服务人员能够随时设身处地为客户着想,真正同情理解客户的处境、了解客户的需求。

⑤反应度:反应度是指服务人员对于客户的需求给予及时回应,并能迅速提供服务的愿望。当服务出现问题时,马上回应、迅速解决问题,给服务质量带来积极的影响。对于客户,需要的是积极主动的服务态度。

2)产品质量

产品质量属于不可控因素。

3)价格

价格因素也属于不可控因素。

客户满意度是客户通过一个产品或者服务的可感知的效果(或结果)与其期望值相比较,所形成的愉悦或失望的感觉状态。客户的满意或不满意的感觉及其程度受到以下因素影响。

①产品和服务让渡价值的高低

客户对产品或服务的满意度会受到产品或服务的让渡价值(指总价值与总成本之间的差额)高低的影响。如果客户得到的让渡价值高于他的期望值,他就倾向于满意,差额越大越满意;反之,客户得到的让渡价值低于他的期望值,他就倾向于不满意,差额越大就越不满意。

②客户的情感

客户的情感可以影响其对产品和服务满意的感知。非常愉快的时刻、健康的身心和积极的思考方式,都会对所体验到服务的感觉有正面的影响;反之,当客户正处于一种恶劣的情绪中,消沉的情感将被他带入对服务的反应,并导致他对任何小的问题都不放过或感觉失望。服务过程本身引起的一些特定情绪也会影响客户对服务的满意。例如,在中高档轿车的销售过程中,客户在看车、试车时,与销售代表沟通过程中所表现出来对事业成功、较高地位或者较好的生活水平的满足感,是一种正向的情感。这种正向情感是销售成功的润滑剂,从让渡价值的角度来看,这类消费者对形象价值的认定水平比一般消费者要高出许多,才会有这样的结果。

③对服务成功或失败的归因

归因是指一个事件感觉上的原因。当客户被一种结果(服务比预期好得太多或差得太多)而震惊时,客户总是试图寻找原因,而他们对原因的评定能够影响其满意度。例如,一辆汽车虽然被修复,但是没有能在消费者期望的时间内修好,客户认为的原因是什么(有时和实际的原因不一致)将会影响到他的满意度。如果客户认为原因是4S店没尽力,因为这笔生意赚钱不多,那么他就会不满意甚至很不满意;如果客户认为原因是自己没有将车况描述清楚,而且新车备件确实紧张的话,他的不满程度就会轻一些,甚至认为4S店是完全可以原谅的。相反,对于一次似乎想象的好的服务,如果客户将原因归为"4S店的分内事"或"现在的服务质量普遍提高了",那么这项好服务并不会提升这位客户的满意度;如果客户将原因归为"他们因为特别重视我才这样做的"或是"这个品牌是因为特别讲究与客户的感情才这样做的",那么这项好服务将大大提升客户对4S店的满意度,并进而将这种高度满意扩张到对品牌的信任。

④对平等或公平的感知

客户的满意还会受到对平等或公正的感知的影响。客户会问自己:我与其他的客户相比是不是被平等对待了? 别的客户得到比我更好的待遇、更合理的价格、更优质的服务了吗? 我为这项服务或产品花的钱合理吗? 以我所花费的金钱和精力,我所得到的比其他客户多还是少？公正的感觉是消费者对产品和服务满意感知的中心。

（3）客户满意度

客户满意度是客户在消费一定产品或服务之后所产生的满足状态等级,满意度等级分为：很满意、满意、较满意、一般、不太满意、不满意和很不满意。如图 5.3 所示。

图 5.3　客户满意度等级

1）很满意

客户在购买或者消费某种产品或服务后所处于的激动、满足、感谢状态。在这种状态下,客户的期望不仅完全达到,没有任何遗憾,而且可能还大大超出了自己的期望,客户不仅为自己的选择而自豪,还会利用一切机会向亲朋宣传、介绍推荐。

2）满意

客户在购买或者消费某种产品或服务后所处于的称心、赞扬和愉快状态。在这种状态下,客户不仅对自己的选择予以肯定,还会乐于向亲朋推荐,自己的期望与现实基本相符,找不出大的毛病。

3）较满意

客户在购买或者消费某种产品或服务后所形成的好感、肯定和赞许状态。在这种状态下,客户内心还算满意,但与更高要求相比还差很远,而与一些更差的情况相比,又令人欣慰。

4）一般

客户在购买或者消费某种产品或服务后所形成的没有明显情绪的状态。也就是对此表示不好不差的感受。

5）不太满意

客户在购买或者消费某种产品或服务后所产生的抱怨、遗憾情绪。在这种状态下,客户虽心存不满,但想到现实就这个样子,要求不能太高,于是也就认了。

6）不满意

客户在购买或者消费某种产品或服务后所产生的气愤、烦恼状态。在这种状态下,客户尚可勉强忍受,希望通过一定方式进行弥补,在适当的时候也会进行反宣传,提醒自己的亲朋不去购买同样的产品或服务。

7）很不满意

客户在消费了某种产品或服务之后感到愤慨,不仅企图找机会投诉,而且还会利用一切机会进行反宣传,以发泄心中的不快。

（4）客户服务影响客户满意因素

汽车售后服务中影响客户满意度的因素有：产品或服务质量与保障、价格、沟通、促销、服务时间与环境、增值服务,如图 5.4 所示。

1）产品或服务的质量与保障

①常规性策略

a. 专业的维修服务：常规性诊断、常规性维修质量保证、制造厂维修手册的资料沟通、结算及时准确、产品质量过关；b. 专业的接待态度：热情有礼貌、适当的仪容仪表。

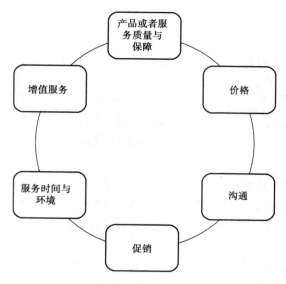

图 5.4　服务质量满意度影响因素

②差异性策略

a. 专业的维修服务：专家现场诊断、使用专业诊断仪器来演示问题所在、超长时间质量保证承诺、提供信用卡或者微信或者支付宝服务、有选择性产品联盟合作方提供更好的保障和保证；b. 专业的接待态度：分工种统一着装、行动干脆利落、态度真诚谦逊。

2）价格

①常规性策略

a. 低价竞争；b. 以成本为基础的加价法；c. 按车型区别定价。

②差异性策略

a. 不同时间或季节；b. 不同客户类型；c. 有针对性的服务或产品套餐。

3）沟通

①常规性策略

不定期的跟踪服务。

②差异性策略

a. 定期的跟进和提示服务；b. 24 小时技术咨询和 24 小时投诉热线；c. 专人接待；d. 联谊会。

4）促销

①常规性策略

a. 不定期免费检测；b. 季节商品优惠。

②差异性策略

a. 会员制；b. 定期的免费检测；c. 年费制；d. 联合促销。

5）服务时间与环境

①常规性策略

a. 维修时间固定，例如 8：30—20：00；b. 维修工期控制；c. 整洁的环境。

②差异性策略

a. 时间：错时服务、超时服务、时间的承诺；b. 环境：保持良好而时尚的环境、满足"6S"要求、单独的客户休息场所、客户的娱乐设施、免费商品和服务的提供。

6）增值服务

①常规性策略

a.代办年检、季检、保险、证件过期手续；b.免费施救；c.送车上门。

②差异性策略

醉酒代驾、刷卡或其他支付方式服务、提醒服务、会员服务、提供代驾车辆、提供接送服务。

5.1.2　提升客户满意度

企业流失客户的原因有对客户的需求漠不关心、对产品不满意、在别处买到更便宜的产品、在朋友的推荐下换了企业、自然地改变了喜好、搬走了和死亡，它们所占比例如图 5.5 所示。由图所得，流失客户的大部分原因是服务人员对客户的需求不重视。

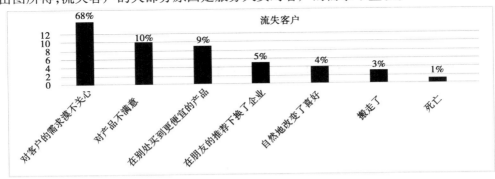

图 5.5　客户流失比例

为了提高客户满意度，服务人员应重视客户的需求。

（1）了解客户需求

1）关心与真诚

客户都希望所有和他们接触的人都能对他们的问题和疑问表示关心，即应在客户的立场上想问题。

2）聆听客户心声

客户讲话时不要半途插话，客户希望服务人员能聆听他们的想法。

3）熟练、负责认真地处理事情

客户希望服务顾问聆听他们的想法，而且更希望办理任何事情都很负责任，希望提供亲切的回答和满足客户的需求。

4）快速性和完美性

能够快速地处理客户提出的问题，能证明自己对客户有多关心，而且完美地处理客户不满的事情是最基本的要求。

（2）满足客户的需求

1）如何满足客户的需求

满足客户的需求分以下四个步骤：

①确认每个人需求不同。用不同的方法服务于不同的客户。

②设法让承诺快速实现。先做客户急需办的小事。

③符合基本的期待。公司已有的基本服务先满足，以及设法满足客户随口提起希望的

事情。

④让客户安心消费。微笑地讲清楚服务及相应费用,当客户不确定时要及时说明或作出弥补。

2)站在客户的立场思考问题

以下是几种不同情况时的处理方法:

①问题记录,重复确认需求

a.客户叙述问题时,仔细听、详细记,一定要确认。

b.重复确认需求,让客户看记录,确认资料无误。

c.确认责任及叙述的内容,让客户在规定处签名。

②对于问题要共同确认记录结果

a.一起确认叙述的问题时,让客户确认认知的问题点。

b.客户叙述的问题确认并说明原因后立即处理。

c.客户有无法及时确认的问题时,由其他人处理,设法用其他方式解释。

d.客户叙述的属于正常问题时,有把握的事情可以说,无把握的事情不要说。

③遇到预约的客户

a.叫出客户的名字,不要叫错人,让客户看到他的名字。

b.快速检查车辆外观,并挂上预约牌由专人处理。

c.跟客户确认一次预约项目。

d.快速处理,立刻移动到工位并派工。

④执行增补项目工作的技巧

a.认真执行初检,需在进店后 10～15 min 完成。

b.准备增补项目证据。

c.准备增补项目话术,先想好要说的内容。

d.预估费用、时间和用料。

e.安全性不高的时候,可以下次处理。

f.安全性高,建议处理。

g.如果客户不愿处理。首先感谢客户的选择,然后将检查的结果及建议写在备注栏上,再将客户的意见也记录在工单上。

⑤交车前的资料确认

a.物归原主,将代为保管的物品归还给车主。

b.与车主共同确认交修项目。

c.外观检查状况,检查刮伤、责任划分。

d.费用确认说明,将单价、免费项目与客户确认。

e.给予专业监理,指导如何使用。

⑥交车技巧

a.提醒下次事项,下次预约时间、预约项目。

b.目送车主离开,送客户上车。

(3)超出客户的期望

①了解客户的期待:注意不经意的言语、掌握客户车辆的维修保养历史需要、找出以往最在意或最不满意的事。

②立刻满足客户需求:先去做有能力完成的。

③关心客户随行人员:注意客户的家人或朋友的感受和需求,关心随行人员的安全及基本服务需求,发现其中的潜在客户。

④注意客户的反应:所有人都要注意客户当前的需求,立即派人前往处理目前最需要做的事。

⑤随时关心客户:记住目前客户位置和姓名,随时点头微笑面对客户。

⑥预设超出预计时间:检查人员注意维修进度与预期的差异。

⑦需求无法满足时的道歉:感谢客户、对客户道歉、说明原因,必要时上级领导主动出面。

⑧让客户有惊喜的服务:由领导向客户进行说明,主动服务客户。

任务5.2　客户投诉的处理

5.2.1　客户投诉的认知

(1)客户投诉的含义

客户投诉,是指客户由于对企业产品质量或服务上的不满意而提出的书面或口头上的异议、抗议、索赔和要求解决问题等行为。客户抱怨,是指客户由于对企业产品质量或服务上的不满意而向他人述说别人过错的行为。客户投诉与抱怨不一样,投诉不能等同于抱怨。

数据显示:

①96%不满意的客户从来不抱怨,只有4%的不满意客户会提出抱怨或投诉。

②对于提出投诉的客户来讲,如果他们的问题能够得到妥善处理,他们会比没有问题的客户的满意度更高。

③多数不满意的客户只是保持沉默,当他们感到商家的产品或服务使他们不满意了,客户会直接去其他商家。

④对客户投诉的有效处理是服务顾问应具备的一个重要技巧,投诉处理不好,不仅有损企业形象,甚至会给企业利润带来很大的影响。有时候一些比较大的投诉,可能会打官司,甚至会拖垮企业。

(2)产生客户投诉的原因

客户在企业购买产品或服务时,心目中对产品或服务有一个预估价值,也就是期望值,当客户得到的产品或服务的价值超过了客户期望的产品与服务的价值,那么所超过的那部分价值就是客户的满意度;反之,当客户得到的产品或服务的价值没有达到其期望值时,那么客户就会不满意,这个时候,客户可能就会投诉。

(3)客户投诉的危害

客户投诉对经销商和生产商都会形成负面作用、影响品牌形象,影响经销商的正常运营,同时也会增加客户心理和经济负担。

(4)客户投诉对企业的好处

①有效处理投诉可以将投诉所带来的不良影响降到最低,从而维护了企业形象。

②有效处理投诉可以挽回客户对企业的信任,使企业的口碑得到维护和巩固。

各客户类型的回头购买率见表5.1。

表5.1　回头购买率

客户类型	回头购买率	不回头购买率
被迅速解决投诉的客户	82%	18%
投诉问题得到解决的客户	54%	46%
投诉后没有得到解决的客户	19%	81%
不投诉的客户	9%	91%

由表5.1可知,企业对是否有效处理客户的投诉,对客户回头购买率有直接影响。企业将投诉问题迅速、有效地处理,会提高客户的回头购买率,投诉后没有得到解决的客户的回头购买率大幅降低,并且不投诉的客户的回头购买率最低。因此,客户投诉是对企业管理或产品不满意的表达方式,是每一个企业都会遇到的问题,是企业有价值信息的重要来源,会给企业带来机会。企业如何利用客户投诉而赢得客户的信任,获得他们对企业和产品的信任,已经成为企业营销实践的重要内容之一。

(5)客户投诉的目的

①寻求情绪宣泄。

②寻求补偿。

③寻求尊重。

④希望得到更好的服务或产品。

⑤享受正当的权益。

⑥希望得到解释和道歉。

⑦防止类似事件再次发生。

(6)客户投诉的分类

按照客户投诉的内容,可将投诉的分为六种。

①服务质量:服务客户时,不良服务态度或者与客户沟通不畅等。

②维修技术:汽车故障一次或多次没有修好等。

③维修价格:客户认为维修实际价格与期望价格差距较大。

④维修不及时:在维修过程中,没有及时供应配件或维修不熟练,对维修工作量估计不足,以及没有与客户沟通好交车时间等。

⑤配件质量:配件品质差或者使用寿命短。

⑥产品质量:由于产品设计、制造或装配不良所产生的质量缺陷。

5.2.2　投诉处理方法

(1)树立正确观念

1)正确认识投诉

①投诉是客户对企业仍然抱有希望或依赖的感情,尽管感情的程度不同,但是每个客户服务人员都应该珍惜。

②真诚地解决问题、有效地处理抱怨是留住客户的一个机会。如果真诚地为客户服务,即

使问题解决不了,也会感动客户。

③一些客户投诉的原因是对企业内情不清楚,认为受到了不公平待遇。服务顾问应理解客户,可能是企业的工作不够完善导致客户误会而投诉。因此,有效地补救措施是耐心倾听、有效解释、消除误解。

④理解客户投诉时的激动心情。当有不礼貌或者尴尬的情景发生时,服务顾问应当予以宽容,因为这说明我们的工作还需要进步。

⑤耐心且有礼貌地倾听是处理投诉的首要技巧。

⑥态度诚恳是平复客户心情的首要方法,是客户服务人员处理投诉的最基本的态度。

2)正确的观念

服务顾问一定要有正确的观念:第一是客户永远是对的,只有自己的错;第二是我们的解释不够完善,才导致客户的误会。

(2)正确的处理方法

1)热情接待、虚心倾听

热情接待对抱怨的客户尤为重要。及时地为客户倒茶或者饮料的举措能化解抱怨客户的不满情绪,是防止不满情绪继续发展的有效方法。虚心倾听客户的不满情绪发泄,真诚地看着对方,并不时地点头。倾听客户抱怨会大大降低客户的不满情绪,为下一个阶段解决实质问题奠定基础。

2)主动表达歉意

无论客户对与否,对抱怨客户表示歉意都是十分必要的。若客户抱怨是正确的,表达歉意是理所应当,即便抱怨是错的,客户服务人员的歉意能够体现企业的宽容和胸怀,让客户感受到客户至上的真正内涵,为企业带来潜在业务。

3)耐心解释、及时处理

当客户对企业有误会时,认真、耐心、细致的解释工作才能够让客户从内心感觉到自己的原因而心服口服,这样就留住了一个客户;反之,当客户抱怨的是正确的,在最短时间内化解客户的不满情绪,在第一时间给予快速处理,让客户的抱怨得以解决,让其满意才能成为企业的回头客。

4)敢于承认错误和承担责任

客户的多数抱怨得不到有效的解决,其原因是服务顾问不敢于承担错误和承担责任,只有敢于承认错误和承担责任,才是避免矛盾激化的有效方式。只要是客户抱怨,无论客户以何种表达方式表现,无论抱怨的内容是否对,无论抱怨服务还是产品质量,都应该完全接受,并有效处理。这不仅仅是服务问题,同时也涉及法律和道德层面,是企业必须遵循的原则。

5)及时回访、加强沟通

处理完客户抱怨以后,最好一周内进行回访,例如电话、微信或者上门等形式。一方面了解客户对处理抱怨的认可度,另一方面也是感情投资,增进感情是十分必要的,同时也会增强客户对企业的信任感,提高企业品牌,稳固用户,往往有意想不到的效果。

(3)七个注意事项

1)不回避抱怨

企业面对客户抱怨时,采取避而不见的处理方式是极为不好的,这样不仅对解决问题毫无帮助,而且客户的抱怨的情绪会升级,甚至导致第三方介入。抱怨复杂化,对企业毫无好处。

2）态度切忌不冷不热

客户对服务人员抱怨，说明客户是信任你的，能够替他解决好问题，如果一旦对客户不冷不热，客户会认为你没有诚意，进而会产生怀疑和反感，更加不能很好地解决问题。

3）不错失最佳处理时机

客户的抱怨一旦不能及时处理，导致抱怨情绪升级和影响扩大，例如向媒体扩散，这样对企业的影响是相当不好的。

4）不打断客户的抱怨

打断客户的抱怨是十分不礼貌的，这样会激化客户的情绪。

5）不推诿

当客户抱怨时，如果服务顾问让其找总经理，总经理又推给其他人，这样一来，推诿只会使得客户情绪快速上升，极度不利于问题的解决，并留下后患。

6）不强调主观理由

如果服务顾问一味强调主观理由，可能会致使抱怨情绪升级，激化矛盾。因为一般情况客户抱怨都认为自己是对的，通过抱怨以达到自己的期许的目的。

7）不贪小便宜

客户抱怨本就对维修质量或服务质量不满意，若另收费用，这定会大大增加客户的怨气，重新激起抱怨的情绪，得不偿失。

（4）三个原则

1）正确判别抱怨的性质

作为企业在面对客户抱怨时，要正确分析其因果关系，判断抱怨是否合理。要很好地做到这一点，首先要掌握和了解国家的有关法律、行业规章，这样才可以对抱怨的合理性进行判断。对于不合法、不合理、不合情的抱怨不能迁就，必须坚持原则。

2）礼貌待人，以理服人

当客户有不合理抱怨时，企业在坚持原则的前提下不违背服务宗旨，一定不失礼貌，更不能有极端的处理方式。

3）实事求是，调查分析

客户抱怨时，企业必须调查事实，既要尊重抱怨人的意见，又要尊重被抱怨人员的意见，了解维修的全过程，听取被抱怨人员的叙述，实事求是地处理抱怨。

（5）处理要掌握尺寸

在处理抱怨时，只要客户抱怨是对的，就要对被抱怨人作出相应的处理。只处理抱怨事件的本身，而不处理抱怨起因的责任人是不对的，尤其是责任心不强导致的抱怨，应当从严处理。企业的处理行为不仅是教育员工，同时也是避免类似情况再次发生。

5.2.3　客户投诉的处理

（1）首问责任制

第一个受理客户投诉的经销商必须全权解答客户投诉，并确保客户满意；导致客户投诉的经销商必须全权处理客户投诉，并确保客户满意；销售给客户车辆的经销商在必要时必须全责协助或组织处理客户投诉。服务顾问全程受理客户投诉，组织准备解决方案并与客户沟通；服务顾问负责协助客户服务人员处理投诉。服务经理负责参与处理重大客户投诉。

（2）**处理内容**

1）受理投诉

客户以书面、电子邮件或电话等方式直接或通过有关机构反映情况,应当及时进行初步处理,并对问题进行分类。

客户来店投诉,接待人员应立刻采取安抚措施,在《客户投诉信息登记表》上进行登记,并转交给服务顾问。

2）核实情况

对《维修委托书》和《客户投诉信息登记表》中所反映的信息,服务顾问要根据反映问题分类开具《客户投诉内部维修委托书》。

针对配件缺货问题,将《客户投诉内部维修委托书》交备件经理;针对技术问题或维修质量问题,将《客户投诉内部维修委托书》交技术总监;针对其他问题,将《客户投诉内部维修委托书》交服务经理。

3）分析问题以及准备处理

技术总监、备件经理、服务经理查实客户问题所在,针对技术方案、备件和解决方案进行准备,并将处理方案告知服务顾问。

4）与客户沟通

服务顾问必须在 24 小时内打电话或上门回访客户,就投诉问题与客户沟通,并让其满意,必要时服务经理可参与。沟通内容如下:

①简述投诉过程;

②再次表示歉意;

③跟客户解释未让客户满意的原因;

④说清楚解决问题的措施;

⑤真诚邀请客户配合问题的解决;

⑥根据《服务预约》,预约解决问题的时间;

⑦根据《服务准确性指标监控管理方法》处理维修费用等事宜。

5）及时反馈

服务顾问在收到《维修委托书》的 24 小时内及时将处理过程和结果告知服务顾问,客户服务人员并进行回复。

6）定期跟踪

客户表示满意后的 7 天内,客户服务人员根据《客户关系管理》对客户进行访问以及记录。

（3）**投诉处理**

1）投诉处理员（无专职人员,则由服务顾问兼任）

①诚恳、礼貌、得体地接待客户,认真听取客户的抱怨,并立刻检查投诉的原因,准确判断问题是不良（材料或者制造缺陷所造成的问题）、还是不满（符合国家标准或企业标准,但客户不满意）或客户的过失造成。

②对于不良问题表达歉意,并立即派工。从解决问题的态度和行为中,客户就可以判断出是否有诚意。如果需花费很多时间,应请客户将车暂时留下,必要时,应当提供代步工具或合理的交通费补偿。

③对于不满问题,提供相关的数据或依据,应耐心细致地解释说明,尽量使用简单易懂的语言,照顾客户的情绪。

④对于客户存在使用不当的问题,应当委婉明确指出。在权限范围内立即提供具体处理方案和意见,并在规定时间内组织实施。

2)服务经理

①接到服务顾问的报告后,应该出面安抚客户情绪,在权限范围内立即提供具体处理方案和意见,并在规定时间内组织实施完成。

②不能及时处理的问题,要分级上报,在掌握事态发展的同时准确分析,并且提出合理化的建议。

3)总经理

接到下级报告后,出面安抚好客户情绪,在维护好整体利益的前提下,灵活、迅速地解决问题,安抚客户情绪争取宽裕的时间并出具意见和解决方案。

4)投诉处理人员的心理自行调节

①适当地情绪宣泄。

②转移注意力。

③坚持自己的原则,相信自己。

④参加有益于身心的活动。

⑤加强与共同处理人员的沟通。

(4)客户投诉的处理流程

客户投诉的处理流程如图5.6所示。

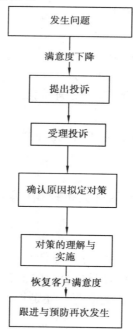

图5.6　客户投诉的处理流程图

当客户提出投诉时,客户满意度是最低的,随着企业对投诉的处理过程的进行,当投诉解决时,客户满意度回到发生问题前,并随着客户服务人员跟进回访的进行,客户满意度随之提高。

(5)处理投诉的基本步骤

1)接待,受理投诉

①客户来电投诉:要记录客户表达的重要信息,并对客户的投诉表示歉意,确认客户表述的内容。

②确认客户并欢迎客户:热情接待客户,确认客户的姓名,并引导客户入座。

③认真听取投诉:确认电话中的投诉信息,并进一步听取问题的详细情况,耐心听取客户投诉,态度认真。

④安抚客户情绪:向客户表达真诚的歉意,并且针对客户的情况表示同情和理解,耐心听取投诉,并安抚客户情绪,直到平静下来。

⑤确认投诉内容:将客户投诉的内容与先前记录的内容进行确认,并确认客户的需求。

⑥态度良好,说明本店的立场:说明本店处理的态度,并取得客户的认同。

2)企业调查并确定原因,出具解决方案

①将客户与问题事实分开:首先整理投诉问题,调查事实真相,并与客户情绪分开。

②确认事实:调查事实,客观、全面地掌握问题,并进行分类。

③调查问题原因:分析明确人员(或技术中)的问题关键,明确问题的原因,最后确认问题能否解决。

④拟订解决方案:为客户提供解决方案,并在承诺的时间内将方案实施完成,最后明确方案中要开展的措施和所花时间等事宜。

3)方案的说明及实施

①确认问题真相以及客户需求:核对记录的内容和受理投诉时的内容,如有不同,及时更新。

②说明方案的要点:先只给客户说明要点,不说细节,并告诉客户方案得到的效果。

③客户对方案要点的认同:与客户确认是否对方案要点有异议,并且取得客户对方案要点的认同。

④确认方案的细节:说明方案的进度、预定时间、预算以及其他细节,确认客户已经理解,最后确认所有投诉内容是否得到解决。

⑤安抚客户:必要时再次表达歉意,对客户及时的反馈表达感谢,安排客户入座。

⑥方案实施:将客户确认的方案实施。

4)跟进客户和方案进展

①跟进方案进行的情况:再次给客户带来的不便表达歉意,与企业其他部门跟进方案进展。

②与客户加强沟通,建立未来关系:询问客户是否还有其他需求,介绍企业还可以提供的服务。

③预防问题重蹈覆辙:每天及时跟进方案进展并整理,拟订再次发生类似问题的预防方案。

④跟踪:在投诉处理好后,向客户表达尊敬的态度,继续通知客户定期保养等,开展维护客户信任度和满意度的活动。

（6）接待投诉客户的流程

1）客户发泄

①保持沉默：当客户在发泄时，如果这时告诉客户"平静下来"非常容易激怒客户，最好的方法是闭口不言。

②仔细聆听：真诚、仔细地聆听客户的倾诉是最基本的态度。倾听是解决问题的关键，真正听清楚客户的问题，不仅是一种情感活动，也是为下一阶段解决问题打好基础。

2）真诚地道歉

①说对不起

一句道歉可能会平复一个人的情绪，无论问题是否是自己造成的，都应该向他道歉。员工能够代表企业的形象，客户服务人员的道歉实际上是企业对待客户的态度。

②让客户知道企业方已经了解了投诉的问题

这项工作需要客户服务人员用自己的话重复客户所投诉的内容。因为客户服务人员要与客户所表达的问题达成共识，将自己所理解的内容对客户的表述作一个总结，然后反馈给客户。

如果有可能，可以拿出笔和纸边写边问，将客户表达的内容记下，并且让客户知道客户服务人员已经将问题写下来，这样的反馈可以使客户知道你在听他所说，已经明白了他的问题。

3）全面收集信息

①身份确认：通过询问客户姓名、电话号码、会员号等信息确认客户身份。

②让客户描述问题：让客户描述他所想表达的，有利于客户服务人员了解他们的兴趣和关注重点，这是解决问题的前提。

③明确问题：问客户相应的问题决定了解决方法是否正确。例如："女士，您说您想让您的车开得更快，请问一下什么样的速度是您说的快速呢？"

④提供可选择的答案：客户回答"是"或"否"，目的是确认某种事实，与客户确认内容。恰当地使用可选择答案的语句，有助于快速、有效地了解客户的问题。例如："女士，当车出现这个异常现象时，您的车速是低速还是高速？"

⑤问题总结：结束语的目的是让客户了解到你对他的问题有初步解决方案。例如："女士，您把车留在我们这里一段时间，怎么样？"因为客户服务人员的责任不仅是解决好客户的问题，更是让客户满意。

⑥询问其他问题：多询问客户其他问题，让客户感受到真诚的关怀。

在询问客户问题的时候注意以下两点：

A. 问题恰当

询问客户问题有助于了解所需重要信息。就客户而言，有些问题会给他带来不便，或者是被认为是在刁难，所以在询问问题之前，给客户说明原因。

B. 倾听客户回答

问问题的同时要注意认真倾听客户的回答，一定要让客户感受到你的真诚。不真诚的倾听会使客户更加恼火。不倾听客户想法而去解决问题，其结果一般也不会让客户满意。

4）提出解决方法

明确客户的需求之后，需给出一个解决客户和企业均接受的解决方案。但当错误无法弥补时，可给客户进行补偿性关照。补偿性关照是不得已而为之的，只有在基本服务正常运行的情况下它才会有效。补偿性关照不能替代预期服务,这是客户不能接受的。

补偿性关照的方式很多,比如:一定的折扣、赠送礼物或商品或服务。

5)客户不满意,询问客户意见

服务顾问提出解决问题的方法后。一定要向客户征求意见。例如:"您觉得这样……行吗?"这个问题很重要,如果客户可以接受,那么方案就可以实施。

6)跟踪服务

后续跟踪服务是非常重要的。客户服务人员应当通过电话、电子邮件或者其网络联系方式,向客户了解方案是否有用,是否还有其他问题,如果一旦客户对目前的方案不满意,就需要继续寻求更可靠有效的解决方案。跟踪服务的意义:强调客户服务人员对客户的真诚,从感情上打动客户,使客户加深印象,增强客户的信任度。

处理客户投诉的流程图如图 5.7 所示,一般投诉处理流程如图 5.8 所示。

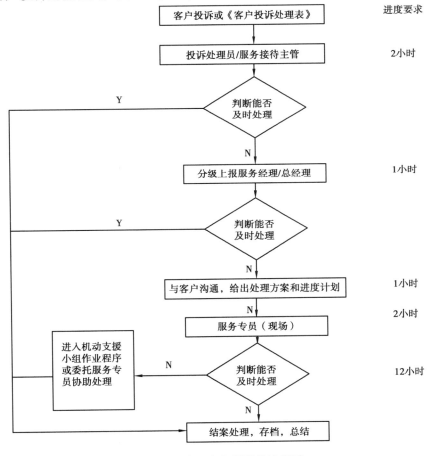

图 5.7　处理客户投诉的流程图

5.2.4　客户投诉处理技巧

(1)几种难以应付的投诉客户

1)有社会背景,具有一定宣传能力的人

这类投诉客户,会随时曝光情况。此时,坚持谨言慎行、高效率的原则,避免敏感词汇,当

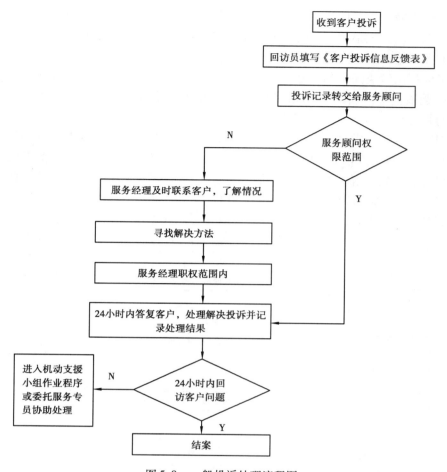

图5.8　一般投诉处理流程图

超过自己权限范围内的问题时,要及时上报有关部门研究决定。

2)有备而来的人

这种投诉客户已经了解了消费者权益保护法,并且抱着不达目的不罢休的态度,甚至会记录公司处理人员的谈话内容、语音或者录视频。

3)固执己见的人

这类投诉客户坚持自己的原则,不听劝说。首先要表示理解客户,劝说客户换位思考来解决问题,并且要有耐心,根据实际情况提供处理办法。

4)滥用正义感的人

这类投诉客户一般语调激昂,居高临下。此时,服务顾问要肯定客户,并表达感谢,让客户了解到公司的发展离不开他们的信任和支持。

5)情绪化诉说的人

一般情况下,这类投诉客户情绪激动,甚至哭闹。客户服务人员一定要保持镇定,语气谦和,安抚客户的情绪,让其发泄;同时表示理解,让客户相信一定有解决方法。

(2)常见投诉的处理

据调查,常见的投诉有以下几类:

①零部件供货周期太长。客户服务人员应该耐心解释、迅速解决。例如:CD 机。

②多次处理未解决。客户服务人员应该耐心解释,息事宁人。例如:车门异响。

③非保修件索赔。客户服务人员应该耐心解释,息事宁人。例如:刹车盘。

④服务投诉。客户服务人员应该慎重、耐心解释,息事宁人。例如:态度差。

⑤要求过多。客户服务人员应该引导解释,灵活处理。例如:发动机异响,更换发动机总成。

⑥超保修期索赔。客户服务人员应该引导解释,息事宁人。例如:CD 机超保修期。

(3)几个禁忌事项

处理客户投诉时有一些事项是禁忌的,一定不能犯,否则适得其反。

①立刻跟客户讲道理。在没有听完客户倾诉的时候就开始跟客户讲道理,容易激怒客户,应该先听、后讲。

②草率得出结论。在面对情绪激动的客户时,不要盲目得出结论,应先解释。

③一直道歉。客户投诉的目的不是听道歉,而且为他解决问题。

④缺乏真诚,言行不一。客户会感觉得到服务顾问的真诚,应该说到做到,不夸大其词。

⑤常有的事。不要让客户觉得所投诉的问题是普遍的。

⑥一分钱,一分货。无论何等价位的车,都应该提供同等优质的服务,而不应该区别对待。

⑦否定语句。禁忌一些武断、否定的语句,例如:"绝对不可能"。

⑧推诿。例如:"这个我们不清楚,您去问别人吧""这不是我们部门负责的,您去问别的部门吧"。正确的接待应该是:"为了您能够得到更准确的解答,您最好跟某人或某部门联系"。

⑨用公司规定回绝客户。例如:"公司的规定是这样的"。当客户听到这句话时,情绪会变得更不好。正确的回答应是:"为了您的汽车能够良好使用,所以公司制定了这样的规则"。

⑩否定表达。例如:"信息沟通不及时",正确的回答应是:"及时沟通信息"。

⑪自以为是,妄自菲薄,不懂装懂。一定要跟客户确定了信息才能再次回复客户。

(4)处理客户投诉的目标

处理客户投诉的终极目标概括成一句话就是,留住客户,增强信任,达到忠诚,加深了解。

 案例分析

某汽车公司的 6 位客户在维修工作完毕之后拒绝付钱,他们声称有些项目收费不大合理。由于 6 位客户在汽车维修完毕之前都已签名,所以公司便认为自己没有什么不对。

下面是这家公司的业务部要求客户偿还欠款的步骤:

他们走访那 6 位客户,并且直言是来催收欠款的;

他们说得很清楚,公司绝对没错。也就是说,客户绝对是错的;

他们宣称公司对汽车的了解要比客户多,所以没什么好争论的;

结果是争论不休。

想用这些办法会让客户服气,痛痛快快地把事情解决吗?事情发展到后来,业务部经理几乎感到束手无策。幸好公司总经理注意到这件事,亲自调查这几名不愿偿还欠款的客户。

他发现这6位客户的信用都很好,一向按时付款。所以,一定有什么地方弄错了。于是,他亲自前往催讨这几笔"没有困难要回"的欠款。

他分别拜访了那6位客户,表面上是去催收欠款,但是,他并没有提到这一点。他说明自己是调查公司做错了什么,他做错了什么。

他说得很清楚,除非听取客户的意见,否则他不会发表意见;他还说,公司并没有宣称绝对无误。

他告诉客户,他最关心的是客户的汽车,而全世界只有客户对自己汽车的状况最明确,这一点是毫无疑义的。

他让客户说话,自己带着一份关注与同情去听,这正是客户所期待的。

最后,等客户恢复冷静后,他便以公平的态度对事情作一了结。"首先,我要让您知道,我也觉得这件事处理不当,以致您受到许多打扰惹您生气,并给您的生活带来了不便,这都是我们公司职员的不是,我在此深表歉意。听了您的叙述,我深深感到您是个正直而有耐心的人,所以想请你帮个忙。这件事您能做得比别人更好,而您对这件事的了解也是最为清楚。这是您的账单,我知道我有权可以更正它,但我还是要留给您全权处理,无论您的决定是什么。"

这位客户修改了账单吗?当然,而且削减了不少,这位客户付了最低额,他拒绝为那些不明的费用多付一分钱。但是,其余的5位都可能多付了,不让公司吃亏。事情的最妙之处是,两年之内,公司又卖了6辆车给这6位客户!

总结:如果没有迹象显示客户有问题,最好要相信他们是诚心实意愿意付清账款的。一般而言客户都是愿意履行义务的,即便有例外也是极少数。而且应相信,那些有欺诈倾向的客户,如你愿意相信他们是诚实、正直和光明磊落的,大部分还是会做出善良反应的。

5.2.5 投诉的预防

解决投诉的最好办法是不让投诉发生,只要察觉到客户的稍微不满意,就应当及时采取措施,将客户的投诉念头消除在初期。

(1)预防投诉的机制

①切实实施首问责任制,即谁接待的客户由谁负责到底,也就是"一人服务到底"。

②保持与客户的良好沟通,确保畅通的反馈和投诉通道。

③合理、高效的投诉处理流程。

④完善的应急预案。

⑤定期总结。

(2)自行抽检

公司应当从接待、服务过程、跟踪服务等多方面进行抽检,及时查找原因并且制订调整方案。

(3)标准工作流程的落实

企业有了标准的工作流程,就要落实标准的工作流程,人人都按照工作流程行事,减少漏洞,避免或减少客户的投诉。

（4）**客户关怀**

1）记录客户信息

客户关怀建立在数据库营销的基础之上,需要记录的数据包括客户的姓名、手机号码、生日、消费记录和最后一次消费距今时间等,最快捷的方法就是将普通客户变成会员。会员就如同储罐中的钱币,是一个长期积累的过程,积累得越多,商家的财富就越多。

2）新车提醒

①新车交车的三至四周内,电话询问新车的使用情况。

②主动告知本店地点、营业时间、客户需要带的文件,并进行预约。

③提醒首次保养的里程与日期。

3）维修回访

①维修时与客户协商好回访的方式与时间。

②维修后三日内进行回访。

③对客户提出的意见要有反馈。

4）关怀函、祝贺函

①信函种类有客户生日函、节日函。

②内容着重于关怀,勿出现明显的商业行为。

5）久未回店联系

①应先了解客户对前次服务是否有不满。

②若客户有不满,应表示歉意,并征求客户意见,请客户来 4S 店或登门访问。

6）定期保养通知

①距保养日前两周发出通知函或一周前电话通知。

②主动进行预约。

③主动告知保养内容与时间。

7）季节性关怀活动

①主动告知客户季节用车注意事项。

②提醒客户免费检测内容。

8）车主交流会

①交流会内容可包括正确用车方式、服务流程讲解、简易维修处理程序、紧急事故处理等。

②人数 10 ~ 15 人为宜,时间一般不超过两小时。

③请客户代表发言。

④进行客户满意度调研。

（5）**员工培训**

1）培训员工,让员工知道,客户抱怨是一份礼物,它可以有如下作用:

①可以改进企业的服务质量;

②可以优化企业的工作流程;

③可以完善企业评价体系。

2）告诫员工,不能有如下错误行为:

①同客户争吵、争辩;

②打断客户讲话;

③批评、讽刺客户,不尊重客户;

④强调自己的正确,不承认错误;

⑤不了解客户需求前随意答复客户的要求;

⑥员工之间不团结,表达给客户的意见不一致。

3)定期组织培训,提升员工处理抱怨与投诉的技巧和能力。

 案例分析

某顾客开一皇冠车到 A 厂,要求更换车轮轮毂轴承,业务接待告诉客户轴承价格是 600 元,工时 80 元,共计 680 元。等车辆维修完毕,业务接待很抱歉地对顾客讲,轴承价格应为 800 元,要求顾客支付 800 元。顾客拒付这多余的 200 元,并说:假如我知道轴承 800 元,我就不换了。业务接待说:如果不换的话,我给你拆下来。顾客说:给我拆下来耽误时间怎么办?双方僵持不下。最后找到维修厂厂长,厂长考虑了一下,统一按 680 元收,并对顾客表示歉意。有些员工对此事不理解,问厂长,厂长给他们讲了一个故事。在巴黎的一家时装店,有位太太看中了一套高档服装,价格为 100 法郎,她马上掏钱买下了这套服装。当她要离开店时营业员告诉她:十分抱歉,这套衣服应付 1 000 法郎,由于疏忽标成了 100 法郎。这位太太对此很不满意,他认为这件衣服就应该以她看到的价格购买。营业员向老板反映此事,老板同意太太买走衣服,并表示歉意。第二天,这件事出现了在巴黎的某家报刊上,引起了轰动。这件事等于给这家服装店做了一次广告,接下来很多顾客光临这家服装店,所带来的收入远远高于 1 000 法郎。

复习思考题

一、选择题

1. 客户忠诚度指的是(   )。

A. 客户对企业以及企业产品或者服务的满意程度

B. 客户满意后而产生的对某种产品品牌或公司的依赖、维护和重复购买的一种心理倾向

C. 客户对企业利润的贡献程度

D. 客户与企业发生初次交易之后继续购买该企业产品或者服务的程度

2. 明确客户的问题时,应该做到(   )。

A. 客户说的时间占 70%

B. 向客户询问需求

C. 服务顾问跟客户讲得多

D. 服务顾问打断客户的讲话

二、填空题

1. 处理投诉的基本步骤：＿＿＿＿＿＿，＿＿＿＿＿＿，＿＿＿＿＿＿，＿＿＿＿＿＿。
2. 客户投诉处理的正确方法有：＿＿＿＿＿＿，＿＿＿＿＿＿，＿＿＿＿＿＿。

三、简答题

1. 客户投诉的目的通常是什么？
2. 投诉对企业的好处是什么？

模块 **6**

汽车售后"6S"现场管理

[学习目标]

1. 了解"6S"现场管理的意义。
2. 掌握"6S"现场管理的内容。
3. 掌握"6S"现场管理的实施步骤。

[学习内容]

1. "6S"的含义及作用。
2. "6S"的现场管理的内容。

任务6.1 "6S"的含义及作用

6.1.1 "6S"的含义

"6S"起源于日本,是一种优秀的现场管理技术。"6S"管理内容是指对生产现场中的人员、材料、作业方法等进行有效的管理,包括整理(Seiri)、整顿(Seiton)、清扫(Seiso)、清洁(Seiketsu)、素养(Shitsuke)、安全(Security)等6个要素,因均以"S"开头,因此而简称为"6S"。开展以整理、整顿、清扫、清洁、素养和安全为内容的活动,称为"6S"活动。其具体的含义和目的见表6.1所示。

表6.1 "6S"的含义

名 称	含 义	目 的
整理	区分必需品和非必需品,现场不放置非必需品	腾出空间,防止误用
整顿	合理布局,缩短寻找时间	场所一目了然,工作秩序井井有条,缩短找寻物品的时间

续表

名　称	含　义	目　的
清扫	将岗位保持无垃圾,无灰尘、干净整洁状态	保持良好的工作环境,稳定品质,达到零故障、零损耗
清洁	将整理、整顿、清扫进行到底,并且制度化	成为惯例和制度,是标准化的基础,企业文化开始形成
素养	对于规定了的事,大家都要遵守执行	员工遵守规章制度,培养良好素质习惯的人才,铸造团队精神
安全	"安全第一,预防为主"	系统地建立防伤、防污、防火、防水、防盗、防损等保安措施

"6S"活动不仅能够改善生产环境,还能提高生产效率、维修品质、服务水平、员工士气等,是减少浪费、提高效率的基本要求,也是其他管理活动有效开展的基础。

6.1.2　推行"6S"的目的

推行"6S"的目的见表6.2。

表 6.2　推行"6S"的目的

序　号	目　的	说　明
1	改善和提高企业形象	整齐清洁的工作环境容易吸引客户,让客户对你的产品有信心,同时成为其他公司的榜样
2	促进效率提高	良好的工作环境,物品摆放有序,员工集中工作,效率自然就高
3	改善零件在库周转率	有效的布局和保管,彻底进行低库存管理,必要时能立即取出物品,工序间物流通畅,减少寻找、滞留时间,改善零件在库周转率
4	保障维修质量	优良的品质来自优良的工作环境,通过经常性的清扫、点检,不断地净化工作环境,避免污物损坏机器,维持设备的高效率,提高品质
5	保障企业安全生产	工作场所宽敞明亮,通道通畅,地板上不会随意摆放不该放置的物品,工作场所有条不紊,发生意外的机会减少,安全就有保障
6	降低生产成本	通过实施"6S"可以减少人员、设备、场所、时间等的浪费,从而降低生产成本
7	改善员工精神面貌,使组织活力化	人人对自己的工作尽心尽力,并且有改善意识,增加组织的活力
8	缩短作业周期,确保交车时间	由于管理的透明化,使异常现象明显化,减少人员、设备、时间的浪费,生产顺畅,提高了工作效率,缩短了作业周期,从而确保交车时间

6.1.3 推行"6S"的作用

推行"6S"的作用见表6.3。

表6.3 推行"6S"的作用

序 号	作 用	说 明
1	亏损为零	生产环境干净整洁,产品质量好,客户越来越多,知名度高,产品销售好,亏损为零
2	不良为零	干净整洁的现场可以提高员工质量意识,产品按标准要求生产,正常使用保养仪器设备,减少次品产生,能够逐步消除不良品
3	浪费为零	减少库存,排除过剩生产,避免元件、半成品、成品库存过多,避免购置不必要的机器、设备,避免"寻找、等待"等时间的浪费
4	故障为零	仪器、设备经常擦拭和保养,机器移动率高,工具管理良好,综合效率可把握性高,可以有效消除故障
5	切换产品时间为零	工具、用具经过整顿,无须过多寻找时间,机器正常运转,作业效率提高,彻底的"6S",让新人一看就懂,快速上岗
6	事故为零	整理、整顿后,通道和休息场所不会被占用,物品放置、搬运方法和堆积高度考虑了安全因素,物流一目了然,人车分流,道路通畅,"危险、注意"等警示明确,员工正确使用保护器具,不违规作业
7	投诉为零	员工自觉地执行各项规章制度,去任何岗位都能上岗作业,每天都有所改进、有所进步
8	缺勤为零	良好的工作环境使人心情愉快,不会让人厌倦,工作已成为一种乐趣,员工不会无故缺勤和旷工

总之,通过"6S"的推行,企业能够健康稳定,快速成长,快速发展并且至少达到四个相关方的满意:

(1)投资者满意

通过"6S"的推行,使企业达到更高的生产和管理境界,投资者可获得更大的利润回报。

(2)客户满意

表现为产品高质量、低成本,交货期准,技术水平高,以及生产弹性高等特点。

(3)雇员满意

效益好,人性化管理;待遇好,员工可获得尊重和成就感。

(4)社会满意

企业热心公益事业,对区域有贡献,有良好的社会形象。

任务 6.2　"6S"现场管理的内容

"6S"现场管理是通过规范现场、现物,营造一目了然的工作环境,培养员工良好的工作习惯,是企业的一种管理方法,其最终目的是提升员工的品质。

6.2.1　整理

(1)整理的作用

①可以使现场无杂物,行道通畅,增大作业空间,提高工作效率。

②减少碰撞,保障生产安全,提高产品质量。

③消除混料差错。

④有利于减少库存,节约资金。

⑤使员工心情舒畅,工作热情高涨。

(2)整理的实施要领

①马上要用的、暂时不用的、长期不用的物品要区分对待。

②即便是必需品,也要适量,将必需品的数量降到最低程度。

③在哪都可有可无的物品,不管有多昂贵,也要处理掉。

所谓必需品,是指经常使用的物品。如果没有它,就必须购入替代品,否则会影响正常工作的物品。

非必需品则可分为两种:一种是使用周期较长的物品,如一个月、三个月甚至一年才使用一次的物品;另一种是对目前工作无任何作用的,需要报废的物品。

一个月使用一两次的物品不能称之为经常使用物品,而应称之为偶尔使用物品。

必需品与非必需品的区分和处理见表6.4。

表6.4　必需品与非必需品的区分和处理

类　别	使用频度		处理方法	备　注
必需品	每小时		放工作台上或随身携带	
	每天		现场存放(工作台附近)	
	每周		现场存放	
非必需品	每月		仓库存储(易于找到)	
	三个月		仓库存储	定期检查
	半年		仓库存储	定期检查
	一年		仓库存储(封存)	定期检查
	未定	有用	仓库存储	定期检查
		不需要用	变卖或废弃	定期清理
		不能用	变卖或废弃	立刻废弃

（3）整理的推进步骤

1）现场检查

对工作场所进行全面检查，包括看得见和看不见的地方，如文件柜顶部、桌子底下等。

2）区分必需品和非必需品

管理必需品和清除非必需品同样重要，先判断出物品的重要性，然后根据其使用频率决定管理方法，对于非必需品区分，是需要还是想要是非常关键的。

3）整理非必需品

清理非必需品的原则是看物品现在有没有使用价值，而不是原购买价值。

4）非必需品的处理

非必需品的处理见表6.5。

表6.5　非必需品的处理

类　别	特　性	处理方法
无使用价值	转为其他用途	折价变卖
		另作他用
		作为训练工具
		展示教育
有使用价值	涉及机密、专利	特别处理
	普通废弃物	分类后出售
	影响人身安全和污染环境的物品	特别处理

（4）具体实例

1）工具箱、抽屉和锁柜

①是否有其他人带来的工具，如锤子、扳手和切削工具。

②是否有断裂的测量工具，如螺旋测微仪、游标卡尺和千分表。

③是否在工具中有杂物，如脏抹布、棉手套和机油。

④是否空间被个人用品占据，如杂志等。

⑤是否有损坏的工具。

2）地面

①是否有你不使用或不能使用的设备、大型夹具、台车等。

②是否堆积有更换零件、分散的垃圾或溅出的机油。

③是否有空的零件盒和不需要的工具混乱放置。

④在车间地面的角落里、墙边或室内是否有零件和装置混乱放置。

⑤是否有机油或汽油。

3）零件仓库和材料仓库

①是否有多年未使用的零件或材料。

②是否储存了一堆被更换的零件。

4)车间外

车间外是否有多年未使用的零件或原材料。

6.2.2 整顿

(1)整顿的作用

①提高工作效率。

②异常情况能马上发现,如丢失、损坏等。

③将寻找时间减少为零。

④其他人也能明白要求和做法。

⑤不同的人去做,结果是一样的(已标准化)。

(2)整顿的实施要领

1)彻底地进行整理

彻底地进行整理,只留下必需品在工作岗位,只能摆放最低限度的必需品,正确判断是个人所需品还是小组共需品。

2)确定放置场所

进行布局研究,可制作一个的模型,便于规划,经常使用的物品放在最近处,特殊物品、危险品设置专门场所进行保管,物品放置100%定位。

3)规定放置方法

产品按机能或种类分区放置,放置方法各种各样(如架式、悬吊式等),尽量立体放置,充分利用空间,便于拿取和先进先出,平行、直角在规定区域放置,堆放高度应有限制,一般不超过 1.2 m,容易损坏的物品要分隔或加防护垫保管,防止碰撞,做好防潮、防尘和防锈措施。

4)进行标识

采用不同的油漆、胶带、地板砖或栅栏划分区域,这是为了避免物品混乱和放错地方所需的信息。各种区域的标志线、标志牌和色彩标识区分不同的场所,如竣工车辆停放区和维修待料区,使得目视化管理明确、清楚,不易被混淆。各种物品的卡片和悬挂卡片的架、框,也是一种重要的确认信息,在卡片上说明这种物品的名称、规格、数量、质量等。

(3)整顿的推进步骤

1)分析现状

从物品的名称、分类、放置等方面的规范化情况进行调查分析,找出问题所在,对症下药,如不知道物品放在哪里,不知道要取的物品叫什么,存放的地点太远,存放地点太分散,物品太多,难以找到,不知道是否用完或别人正在使用等。

2)物品分类

根据物品各自的特征,将具有相同特点、特性的物品划为一个类别,并制订标准和规范,为物品正确命名,标识物品的名称。

3)决定储存方法

物品的存放常采用"定置管理"。定置管理是根据物流运动的规律性,按照人的生理、心理、效率、安全的需求,科学地确定物品在工作场所的位置,实现人与物最佳结合的管理方法。

定置管理两种基本形式:固定位置和自由位置。

①固定位置

场所固定,物品存放位置固定,物品的标识固定,即"三固定"。此法适用于那些物流系统中周期性地回归原地,在下一生产活动中重复使用的物品,如仪器仪表、工艺装备、搬运工具等,这可使人的行为习惯固定,从而提高工作效率。

②自由位置

相对地固定一个存放物品的区域,非绝对的存放位置。具体存放的位置是根据当时生产情况及一定规则决定,与固定位置相比,物品存放有一定的自由度,称为自由位置。此法适用于物流系统中那些不固定、不重复使用的物品,如原材料、半成品。自由位置的定置标志可采用可移动的牌架、可更换的插牌标识,对不同物品加以区分。

良好的定置管理,要求标识达到五个方面的要求,即五种理想状态:场所标识清楚、区域定置有图、位置台账齐全、物品编号有序、全部信息规范。

4)实施

①工作场所的定置要求

首先要制订标准比例的定置图,工作场地、通道、检查区、物品存放区都要进行规划,明确各区域的管理责任人,零件、设备、垃圾箱、消防设施、易燃易爆的危险品等均用鲜明、直观的信息牌标示出来。凡与定置图要求不符的现场物品,一律清理或撤除。

②生产现场各工序、工位的定置要求

首先必须要有各工序、工作定置图,要有相应的图纸、文件,定置的硬件、工具、仪表、设备在工序、工位上停放应有明确的定置要求,材料、半成品及各种用具在工序,工位摆的数量、方式也应有明确要求,附件箱、零件货架的编号必须同账目相一致。

③工具箱的定置要求

工具箱应按标准的规定设计定置图。工具摆放要严格遵守定置图,不准随便放,定置图及工具卡片要贴在工具箱上,工具箱的摆放位置要标准化、规范化和统一化。

④仓库的定置要求

首先要设计库房定置图,按指定地点定置,有存储期限要求的物品的定置,在库存报表或数据库管理上要对时间期限做特定标志。库存账本应有序号和物品目录,注意账物相符,即实物、标志卡片、账本记录和计算机数据,四种信息一致,对于那些易燃易爆、易污染、有储存期要求的物品,要按要求实行特别定置。

⑤检查现场的定置要求

首先要检查现场定置图,并对检查现场划分不同的区域,以不同颜色加以标志区分,分为半成品待检区、成品待检区、合格品区、废品区、返修品区、待处理品区等。待检区,以白色标志;合格品区,用绿色标志;返修品区,以红色标志;待处理区,以黄色标志;废品区,以黑色标志。

(4)具体实例

1)处理掉不需要的物品

在作业过程中,经常有一些残余物料、旧零部件、工具、设备等滞留在现场,如不及时处理,会使现场变得凌乱,既占地方又妨碍作业。因此非必需的东西要尽快处理掉,腾出空间,防止误用,塑造清爽的工作场所。

2)重新布置储物区

通过处理掉不需要的物品,重新安排剩余空间、架子和柜子。如有必要,增加一些架子或类似物来重新布置储物区。

3）分配储物空间

①制订最方便实用的制度,召集一个包括所有人的会议,绝对不要自己说了算。

②经常使用的工具应放在操作者附近的地方,高度位于肩和肘之间,以便于使用。

③很少使用的工具放在架子后面或其他地方。

④笨重工具放在架子的最下层。

4）储物区标志

给每个储物区分配标志代码,这样所有人都能了解某一储物区里储存的是什么物品。

因此,给出储物区的标志代码如 1,2,3 或 A,B,C。标明储存的所有物品的名称。例如,标明架子上储存的物品的名称,这样所有人都能了解什么物品应放置在这里。因此,即使一个人使用过的工具被其他人放回架子,后者也能够轻易找到正确的放置地点。

6.2.3　清扫

（1）清扫的作用

经过整理、整顿,必需物品处于立即能取出状态,但取出物品还必须完好可用,这是清扫的最大作用。

注意:清扫不仅只是打扫卫生,还要对生产设备仪器进行点检、保养和维护工作,以利于保持设备良好的状态,及时发现故障隐患。

（2）清扫的实施要领

①领导以身作则

成功与否的关键在于领导,领导能够坚持这样做,大家都会很认真对待这件事。

②人人参与

公司所有部门、所有人员（含总经理）都应一起来执行这个工作。

③与点检、保养相结合

一边清扫,一边改善设备状况,将设备的清扫与点检、保养充分结合起来。

④责任到人

明确每个人应负责清洁的区域,分配区域时须绝对清楚地划清界限,不能留下没有人负责的区域（即死角）。

⑤杜绝污染源,建立清扫基准

寻找并杜绝污染源,建立相应的清扫基准,促进清扫工作的标准化。

（3）清扫的推进步骤

1）准备工作

①安全教育

对员工做好清扫的安全教育,对可能发生的意外伤害、事故（触电、碰伤、坠落砸伤、灼伤等）不安全因素进行警示和预防。

②设备基本常识教育

对设备为什么老化、出现故障、如何减少损失进行教育,学习设备基本构造,工作原理,使员工对设备有一定了解。

③技术准备

指导及制订相关指导书,明确清扫工具、位置、维护具体步骤等。

2)从工作岗位扫除一切垃圾灰尘

作业人员动手清扫,而非由清洁工代替,清除长期堆积的灰尘、污垢,不留死角。

3)清扫点检仪器设备

仪器设备本是干干净净的,我们每天都要恢复到原来的状态,这一工作是从清扫开始。不仅设备本身,连带其附属、辅助设备也要清扫。一边清理,一边改善设备状况,将设备的清扫与点校、保养、润滑结合起来,清扫就是点检,清扫把污渍、灰尘清除掉,这样松动、变形等设备缺陷就暴露出来,可以采取相应的措施加以弥补。

4)整修清扫中发现的问题

①地板凹凸不平要修整,松动的螺丝要紧固。

②维修精度不准的仪器、仪表,更换绝缘层已老化或损坏的电线。

③清理堵塞的管道,更换破损的水管、气管、油管。

5)查明污垢发生源,从根本上解决问题:

查明污垢的发生源,制订详细的清单,按计划逐步改善,将污垢彻底清除。

6)实施区域责任制

对于清扫应该进行区域划分,实行区域责任制,责任到人,不可存在卫生死角。

(4)具体实例

1)清扫工具

抹布和拖把悬挂放置,充分利用空间。随时清理不能使用的拖把、扫帚或抹布,进行数量管理。

2)搬送车辆

在叉车或推车的后边装上清扫工具,可一边作业,一边清扫。准备抹布,放在车辆某一处,以便随时清扫其本身的灰尘。

3)仪器设备要保持洁净

对设备每天清理能发现细小的异常,清扫后及时维护保养。

4)分类垃圾箱

设立分类垃圾箱,便于垃圾分类回收。区分可再生的(塑料、金属),不可再生的(生活垃圾)。

5)防止碎屑飞散

安装防护罩或其他挡网。

6.2.4 清洁

(1)清洁的作用

将整理、整顿、清扫进行到底,并且标准化、制度化。

(2)清洁的实施要领

贯彻"6S"意识,必须想出各种激励的办法让全体员工每天保持正在进行"6S"评价的心情,充分采用各种办法,如"6S"标语、"6S"宣传画等,让员工每天都感到新鲜、不厌倦。

坚持不懈,一旦开始了实施就不能半途而废,否则公司又很快回到原来的情形。

对长时间养成的坏习惯,要花长时间改正。

深刻领会"6S"含义,彻底贯彻"6S",力图进一步提高。所谓彻底贯彻"6S",就是连续、反复不断地进行整理、整顿、清扫活动。

(3)清洁的推进步骤

1)对推进组织教育

对"6S"的基本思想,向全体员工进行必要的教育和宣传。

2)整理

区分工作区的必需品和非必需品。经过必要的教育,将目前所有的物品整理一遍,并调查它们的使用周期,将这些物品记录下来,再区分必需品和非必需品。

3)向作业者进行确认说明

现场的维修技师是岗位的主人,他可以做好该岗位的工作,也能使该岗位的工作杂乱无章。再说,也只有该岗位的作业者最清楚他的岗位需求。

4)撤走各岗位的非必需品

应该将非必需品从岗位上撤走。

5)整顿

规定必需品的摆放场所。必须根据实际条件、技师的工作习惯、工作要求,合理地摆放必需品的位置。

6)规定摆放方法

确认摆放物品的摆放高度、宽度以及数量,以便于管理。并将这些规定形成文件,便于日后改善、整体推进和总结。

7)进行标识

标识规定的位置、规定的高度、规定的宽度和数量,方便员工识别,减少员工的记忆劳动。

8)将放置方法和识别方法对技师进行说明

要将规定下来的放置方法和识别方法交给技师,将再由技师移交给作业者进行日常维护。

9)清扫并在地板上画出区域线,明确各责任区和责任人

必须划分责任区和责任人,便于工作贯彻下去。

(4)具体案例

清洁的步骤如图6.1所示。

6.2.5 素养

(1)素养的作用

①重视教育培训,保证人员基本素质。

②持续推动"6S"直至成为全员习惯。

③使每位员工严守标准,按标准作业。

④净化员工心灵,形成温馨的快乐气氛。

⑤培养优秀人才,铸造战斗型团队。

(2)素养的实施要领

1)持续推动"6S"直至全员成为习惯

通过"6S"(整理、整顿、清扫、清洁、素养、安全)的手段,使人们达到工作的最基本要求修

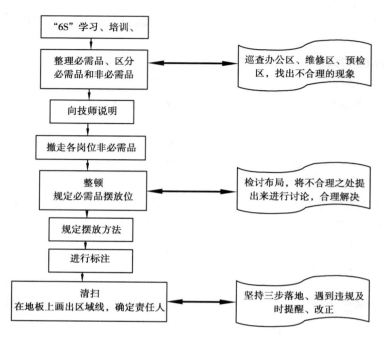

图 6.1　清洁的步骤

养,也可理解为通过推动都能做到的"6S"而达到最终精神上的"清洁"。

2)制订相关的规章制度

规章制度是员工的行为准则,使员工达成共识,形成企业文化的基础,制订相应的《语言礼仪》《电话礼仪》及《员工守则》等,能够保证员工达到修养的最低限度的要求。

3)对员工进行教育,培训是非常必要的

培养员工责任感,激发其热情,需要改变员工的消极的利己思想,培养对公司部门及同事的热情和责任感。

(3)素养的推进步骤

素养形成的基本过程如图 6.2 所示。

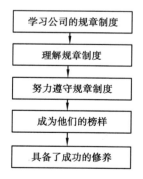

图 6.2　素养形成的基本过程

6.2.6　安全

(1)安全的作用

①无安全事故,生产更顺畅。

②让员工放心地投入工作。

③没有伤害,减少经济损失。

④有责任有专职,万一有灾害发生时可以紧急对应。

⑤管理到位,员工、客户及企业更信任和放心。

(2)安全管理的实施要领

1)建立系统的安全管理体制

①建立企业管理规定。

②安全标示、安全操作规程、场地设备安全隐患示例、安全责任牌上墙。

③安全通道、危险区域划分用不同颜色的实线标示。

④设备使用记录、早中班交接记录、材料工具使用记录成册。

⑤建立机器、设备的责任保养制度。

2)重视员工的教育培训

①继续开展安全教育。

②开好两会:上班前要开班组早会,对安全问题进行强调。下班前要开班组总结会,把当天情况做一下总结,并对当天出现的问题提出合理的解决办法。

3)实行现场巡视,排除隐患

成立专门的安全监察小组,每天对员工劳保用品的穿戴、工具的使用、设备的使用维护、实习操作规范化程度、材料的使用存放、实习纪律的维护、安全隐患的排查等作详细的检查并及时汇报解决。

4)创造明快、有序、安全的作业环境。通过以上的努力,及时发现解决安全隐患问题,班组长每天按序执行各种规章制度,加大检查管理力度,作业环境将会逐渐做到明快、有序、安全。

(3)安全管理的实施步骤

①整理、整顿和清扫。

②安全隐患识别。

③标识(警告、指示、禁止、提示)。

④定期制订消除隐患的改善计划。

⑤建立安全巡视制度。

⑥细化班组管理。

6.2.7　"6S"管理检查

(1)6个"S"之间的关系

6个"S"不是各自独立,互不相关的,它们之间是相辅相成,缺一不可的关系,整理是整顿的基础,整顿是整理的巩固,清扫显现整理在整顿的效果,而通过清洁和素养,则在企业形成整体的改善氛围。

"6S"的目标是通过消除组织的浪费现象和推选持续改善,使公司管理维持在一个理想水平,通过整理、整顿、清扫、清洁、素养、安全,这6个"S"的综合推进,互有侧重,效果纷呈。

(2)"6S"与其他活动的关系

有人说"6S"既然如此重要,它与TQM(全面质量管理)、ISO9000(质量管理体系)能不能同时推进呢?"6S"是管理的基础,是TQM的第一步,也是ISO9000推行的捷径。公司如果"6S"活动有一定的基础,则可收到事半功倍的效果。

1)营造整体氛围

"6S"能营造出"人人积极参与,事事遵守标准"的良好氛围,有利于调动员工的积极性,对ISO、TQM的推进起到良好的促进作用。

2)体现效果,增强信心

实施ISO、TQM等活动的效果是一时难以显现的。而"6S"活动是立竿见影的,在推行其他活动中导入"6S",可通过短期内获得效果来增强员工的信心。

3)"6S"为相关活动打下坚实基础

"6S"是现场管理的基础,现场管理水平的高低制约着ISO、TQM等活动能否顺利推行,通过"6S"活动,从现场管理着手改进,能起到事半功倍的效果。

(3)"6S"管理检查要点

①有没有用途不明之物。

②有没有内容不明之物。

③有没有闲置的容器、纸箱。

④有没有不要之物。

⑤输送带下、物料架下是否有置放物品。

⑥有没有乱放个人的物品。

⑦有没有把东西放在过道上。

⑧物品有没有和过道平行或成直角地堆放。

⑨是否有变形的包装箱等捆包材料。

⑩包装箱、容器等是否有破损。

⑪工具夹、计测器等是否放在所定位置上。

⑫移动是否方便。

⑬架子后面或上面是否放置东西。

⑭架子及保管箱内的物品是否按照所标物品放置。

⑮危险品是否有明确标识,灭火器是否有定期点检。

⑯作业员的脚边是否有零乱的零件。

⑰相同零件是否散置在几个不同的地方。

⑱作业员的周围是否放有必要的东西(如工具、零件等)。

⑲工作场地是否到处保管着零件。

复习思考题

一、选择题

1. "6S"现场管理是一项(　　　)的工作。

A. 持久性 　　　　　　　　　　　　　B. 暂时性

C. 时尚性 　　　　　　　　　　　　　D. 流行性

2. 规章制度是员工的行为准则,使人们达成共识、形成企业文化的基础,它是属于(　　　)。

A. 清扫 　　　　　　　　　　　　　　B. 清洁

C. 素养 　　　　　　　　　　　　　　D. 整理

3. 整顿的目的是(　　　)。

A. 工作场所一目了然 　　　　　　　　B. 消除找寻物品的时间

C. 井井有条的工作秩序 　　　　　　　D. 以上皆是

4. (　　　)的改变,可导致(　　　)的改变、(　　　)的改变,(　　　)也随之改变,进而可以改变一个人的精神面貌。(　　　)

A. 观念、行为、行为、习惯 　　　　　B. 行为、观念、观念、习惯

C. 习惯、行为、行为、观念 　　　　　D. 观念、习惯、习惯、行为

5. 工作现场有近半年才用上一次的工具,该如何处理。(　　　)

A. 留在工作现场 　　　　　　　　　　B. 放入仓库储存

C. 放置于工作台面上 　　　　　　　　D. 变卖

二、填空题

1. 整理是指在工作现场分开_____和_____,开展全面清理。

2. 清洁的"三不坚持原则"为:不恢复脏乱、_____、_____。

3. 清扫的"三扫原则"为:_____、_____、扫怪,真意在于点检确认化。

4. 实施素养时的"三守原则"为:_____、_____、守标准,其真意在于训练纪律化。

5. 实施整顿的"三定原则"是:_____、_____、_____。

6. "6S"管理最终目的是提升_____、_____及工作质量。

三、简答题

1. 简述企业推行"6S"的好处。

2. 简述"6S"管理存在的八大认识误区。

本课程实训

实训1　接待礼仪实训

1.实训目的

①掌握接待礼仪中站姿、坐姿、走姿、蹲姿的基本仪态规范。

②掌握接待洽谈目光礼仪、微笑礼仪、握手礼仪、名片礼仪、寒暄礼仪、介绍礼仪、引领礼仪、距离礼仪的基本规范。

2.实训设施及工具

①模拟实训室。

②名片、车辆。

3.实训内容及步骤

(1)基本知识点

思考:查阅资料,请写出引导客户时有哪些注意事项?

_____

_____

思考:查阅资料,请写出交换名片时有哪些注意事项?

_____

_____

思考查阅资料,写出蹲下去拿东西或者捡东西时有什么要求?

（2）具体实训步骤及要求

1）站姿训练要领

①挺胸、抬头、收腹。

②两肩平、两眼平视。

③右手搭左手置于小腹前。

2）坐姿训练要领

①两腿正并拢或侧并拢，上身直立。

②抬头、两眼平视、两手交叉自然置于大腿上。

③坐满椅子三分之二。

3）走姿训练要领

①男性两脚平行向前移动，女性脚内侧成一直线，不宜过快或过慢。

②以标准站姿开始或结束。

4）蹲姿训练要领

①右脚向后退半步后再蹲下。

②脊椎保持挺直，臀部一定要蹲下来。

5）微笑礼仪训练要领

一般认为露8颗牙齿的微笑是最美丽的微笑。

6）握手礼仪训练注意事项

①握手的顺序。

②手套问题。

③握手时应注视对方，微笑。

7）名片礼仪训练

①名品准备。

②接名片。

③递名片。

8）洽谈目光礼仪训练注意事项

①注视对方，目光不游离。

②直盯对方是无礼行为。

实训 2　沟通礼仪实训

1. 实训目的

①掌握交谈的技巧和礼仪，了解交谈时应注意的问题。

②掌握拜访的礼仪规范，并能灵活运用。

③掌握馈赠礼仪及各种禁忌，并能灵活运用。

2. 实训设施及工具

①模拟实训室
②名片

3. 实训内容及步骤

(1) 基本知识点

思考:查阅资料,请写出与客户交谈时适宜的话题有哪些? 忌讳的话题有哪些?

_____

_____

思考:查阅资料,请写出与客户交谈时交谈的技巧有哪些?

_____

_____

(2) 具体实训步骤及要求

根据下列信息进行客户拜访演练:

小李是某公司业务员,他明天要去拜访一位重要的新客户刘女士。

①熟悉下图的拜访流程。

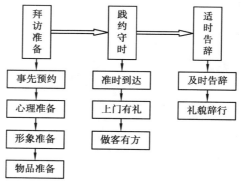

②讨论馈赠的礼仪及需要注意的问题。

③两人一组,设置情景为迎接、送别、感谢等,模拟送礼、受礼、表示感谢。

④讨论拜访客户时的正确礼仪及应该注意的问题。

⑤讨论交谈时的正确礼仪及应该注意的问题。

⑥确定模拟活动情景角色。

A. 业务员小李

B. 客户刘女士

⑦模拟客户拜访训练,同组同学互换角色训练。

实训 3　预约服务技能实训

1. 实训目的

①能进行电话的正确使用和沟通。
②能通过电话进行有效的客户预约和预约的再次确认。
③能完成客户预约后的相关准备工作(车间、备件)。
④能积极推荐预约,建立客户的预约意识,提高客户量。
⑤能正确使用预约看板的管理功能,提高工作效率。
⑥树立主动预约的服务意识。
⑦树立礼貌沟通的服务意识。

2. 实训设施及工具

①模拟实训室。
②电话、计算机、实训工作单。

3. 实训内容及步骤

(1)基本知识点

 思考:预约服务能带给汽车维修企业哪些益处?

_____

_____

 思考:预约服务能带给客户哪些益处?

_____

_____

 思考:汽车维修企业提供预约服务需要具备哪些条件?

_____

 思考:有哪些服务项目可以是汽车维修企业主动预约客户回店的?

_____

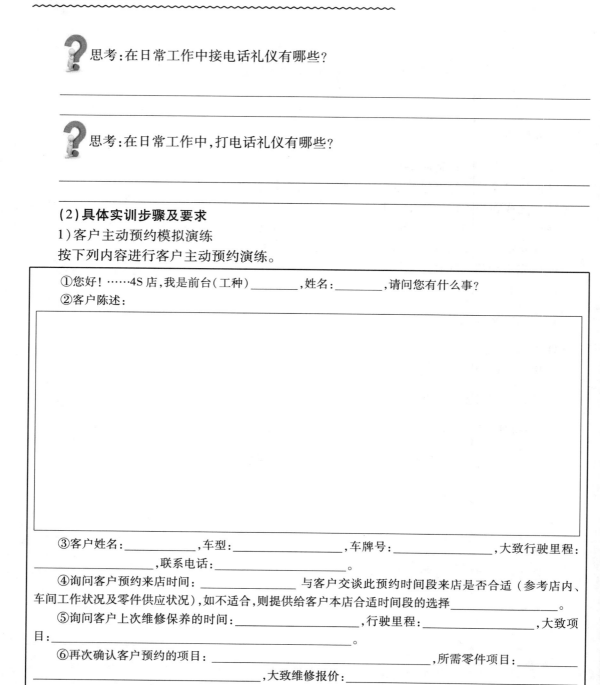

思考:在日常工作中接电话礼仪有哪些?

_____

_____

思考:在日常工作中,打电话礼仪有哪些?

_____

_____

(2)具体实训步骤及要求

1)客户主动预约模拟演练

按下列内容进行客户主动预约演练。

①您好! ······4S 店,我是前台(工种)_____,姓名:_____,请问您有什么事?

②客户陈述:

③客户姓名:_____,车型:_____,车牌号:_____,大致行驶里程:_____,联系电话:_____。

④询问客户预约来店时间:_____ 与客户交谈此预约时间段来店是否合适(参考店内、车间工作状况及零件供应状况),如不适合,则提供给客户本店合适时间段的选择_____。

⑤询问客户上次维修保养的时间:_____,行驶里程:_____,大致项目:_____。

⑥再次确认客户预约的项目:_____,所需零件项目:_____,大致维修报价:_____,再次确认预约来店时间:_____。

⑦非常感谢您的这次来电预约,我会给您做好相应的准备工作。我们会优先安排您的车辆维修。谢谢,再见!

⑧等待客户挂断电话之后再挂断电话。

⑨跟踪确认客户来店预约状况。

2）填写预约登记表

预约登记表

登记号	客户姓名	联系电话	车牌号	车　型	行驶里程/km

客户描述及要求	

故障初步判断	

预计到4S店时间	服务顾问	主修人	预计维修时间		任务委托书号

是否返修		需注意的问题	
备件确认	工具确认	服务顾问确认	主修人确认	提前1小时与客户确认

预约取消		取消原因	
预约更改时间		更改原因	

预约人：　　　　　　　　　　　　　　　　日期：

实训 4　客户接待和问诊技能实训

1. 实训目的

①能以规范的服务标准执行服务接待流程。
②能正确运用客户沟通技巧建立与客户良好的关系。
③能熟练完成客户车辆的防护和预检工作。
④能根据客户需求和车辆情况进行针对性的服务营销。
⑤能应对客户接待过程中的突发事件和客户的特殊要求。

2. 实训设施及工具

①模拟实训室。

②电话,计算机,接待检查车辆两台。

3. 实训内容及步骤

(1)基本知识点

思考:接待礼仪对维修接待工作会带来哪些方面的影响?

_____

_____

_____

思考:对车辆进行预检有何意义?

①对客户的意义:

_____

_____

②对4S店的意义:

_____

_____

③对接待人员的意义:

_____

_____

思考:预检应包括哪些方面的内容?

①车厢内

_____

②车身

_____

_____

③后备厢

_____

_____

④发动机舱

_____

_____

⑤底盘

_____

_____

思考:一个客户抱怨车辆左前部有异响,请问如何进行问诊才能快速准确地获得信息?

_____

_____

_____

(2)具体实训步骤及要求

根据下列信息进行客户接待和预检环节演练:

车辆资料:手动挡(具体车型请根据实训条件确定),购买日期:2016 年 3 月;行驶里程 65 000 km。

客户资料:李先生,28 岁。

故障描述:半个月前发现车辆行驶中,发现踩刹车时车身抖动。

1)迎宾接待

①服务顾问察觉有客户车辆驶入服务通道时,跑步至适当位置,引导客户将车辆停在指定位置。

②如是预约客户或有专属客户经理(服务顾问)维系的客户,用耳麦通知相应的客户经理或服务顾问"客户莅临"。

③负责接待的服务顾问拿取《预检单》,用接车文件夹夹好,迅速至客户车边,亲切热情地问候客户,简短地进行自我介绍,并递交名片。

④观察客户有下车意愿,待客户准备好后,主动请客户将车辆熄火,协助客户打开车门。

⑤服务顾问礼貌咨询客户保养维修需求,将客户服务需求详细记录于《预检单》。

⑥如客户是预约回 4S 店,服务顾问向客户复述、确认《维修委托书》记录的预约服务项目保养维修需求。

2)车辆保护措施

在车辆检查前,当着客户的面,安装防护套。

3)问诊

①仔细倾听客户所反映的维修要求及车辆的故障描述,用专业的提问方式了解问题的详细情况。

②在《预检单》上准确地记录客户的要求。

4)环车检查

①礼貌地邀请客户一起环车检查。

②车室内检查。将当时的车辆行驶里程、油量、空调、音响等的客户设置初始状态记录于《预检单》中,同时检查空调、音响、仪表台各项指示灯/警示灯、电动窗、天窗、内饰、前后座椅

等性能是否正常。

③征得客户同意后检查手套箱内照明、手套箱锁是否正常。

④车辆外观漆面检查的结果记录于《预检单》。

⑤检查发动机舱内油、液面。

⑥征得客户同意后检查后备厢随车工具是否齐全。

⑦在需要的情况下,举升车辆,检查车辆底部。

⑧在需要的情况下,驾驶车辆,检查控制部件(照明灯、离合器、制动器等)。

实训5　车辆维修确认技能实训

1. 实训目的

①能根据问诊和预检的初步结果制订维修工单。

②能依据问诊和预检的初步结果向客户解释维修方案。

③能依据问诊和预检的初步结果开展服务营销。

2. 实训设施及工具

①模拟实训室。

②计算机,接待检查车辆两台。

3. 实训内容及步骤

(1) 基本知识点

 思考:查阅资料,完成下表中不同品牌车型的维护里程或时间。

品　牌	首次维护里程/km	首次维护时间/月	维护间隔里程/km	维护间隔时间/月
长安福特				
一汽丰田				
上海通用				
东风标致				
宝马				
东风雪铁龙				
比亚迪				
奇瑞				

请查阅具体车型的资料,写出首次维护、15 000 km 维护、30 000 km 维护分别做哪些项目?

1）首次维护内容

①更换项目：

_____

_____

②添加项目：

_____

_____

③检查和调整项目：

_____

_____

_____

2）15 000 km 维护内容

①更换项目：

_____

_____

②添加项目：

_____

_____

③检查和调整项目：

_____

_____

_____

3）30 000 km 维护内容

①更换项目：

_____

_____

②添加项目：

_____

_____

③检查和调整项目：

_____

_____

_____

？ 思考：在为客户预估车辆的维修等待时间时应该考虑哪些因素？

_____

_____

_____

（2）具体实训步骤及要求

1）初步确立维修内容

①根据《预检单》，准备《维修委托书》维修项目（包括服务套餐、其他项目等）、维修备件以及维修工时，在汽车经销商管理系统中进行保存，并将备件名称、备件费用以及工时费用简明扼要地记录在《预检单》上。

②车辆历史维修记录，进一步明确维修内容，做好相应对策。

2）维修项目说明

①邀请客户到接待前台。

②向客户说明所报故障的生成原因及故障处理方法，以及维修所需备件费、工时费，经客户同意维修后，在《预检单》上作确认记录。

③对进行底盘检查的车辆，依据《预检单》中的记录向客户说明检查结果。

④将检查中发现的而客户没有意识到的维修项目告知给客户，同时建议维修，如客户同意，作相应记录。

⑤对于保养车辆，需要客户提供《保养手册》，并找出符合车辆的"保养表单"，向客户说明将对车辆所要进行的保养内容（将不做的项目划掉）。

3）维修费用估算

①对维修费用进行估算，并将维修费用按备件费、工时费进行细化。

②对于某些维修项目，如果不能立即准确地估算出维修费用，则告诉客户总费用要在对车辆进行详细诊断后给出。

4）车辆交付时间估算

①根据备件库存情况、工作次序、维修工作负荷、车辆作业时间、维修车间工位使用状况等估算交付时间。

②如果备件缺货，则应立即通知备件部门进行紧急采购，了解到货时间，告诉客户，可另预约维修时间。

③与客户进行协商，在尽量满足客户要求的前提下，商定车辆维修后交付时间。

5）维修项目确认及维修委托书签订

①根据经与客户商量后确认的维修项目以及车辆预计交付时间，在汽车经销商管理系统上对初步开具的《维修委托书》进行修改、完善，并打印。

②利用《维修委托书》再次与客户核实维修项目，并说明维修费用为预估费用，实际费用以车辆维修完毕后的《结算单》为准。

③如车辆涉及预防行动，按相关的要求操作，向客户进行说明。

④征询（自费维修）客户对其车上更换下来零件的处理意见，如果客户希望看到或者收回旧零件，应在维修委托书上注明；否则，由4S店自行处理（质量担保期内的零件、预防行动更换下来的零件除外）。

⑤征询客户意见：车辆维修完毕后，是否需要4S店对车辆进行免费清洗，并在维修委托书上注明。

⑥对于涉及某些安全零部件的维修项目，应着重向客户进行说明，并建议维修；若客户拒绝，则请客户在维修委托书对应栏上签字确认。

⑦向客户说明在维修过程中如果有新的增补维修项目发生时，服务顾问将通知客户增补

维修项目的内容、费用估算、维修时间以及交付时间的变更;确认客户同意增补维修的方式(现场签字、电话、短信、传真、邮件回复等),并记录在维修委托书上。更新维修委托书内容,需客户重新签字 。

⑧请客户确认上述项目并在维修委托书上签字,之后服务顾问签字。

⑨将维修委托书的客户联交给用户。

6)送客户去休息室或离开 4S 店

①安排客户休息或送走客户:客户如需要在 4S 店内等待时,送客户到休息区域休息,并为客户递上一杯水或饮料;如果客户不在 4S 店内等待,则礼貌、热情地送客户至 4S 店门口。

②将双方签字后的《维修委托书》的车间联、《预检单》(对于保养车辆还有《保养表单》)交给车间调度。

实训 6　车辆修理技能实训

1. 实训目的

①能合理安排车间人员进行生产。

②能协调零件部门进行零件供应。

③能协调维修过程中的突发事件。

④能就维修过程中出现的新项目与客户进行沟通和确认。

⑤能确保维修的顺利进行。

2. 实训设施及工具

①模拟实训室。

②接待检查车辆两台。

3. 实训内容及步骤

(1) 基本知识点

 思考:为什么要在客户等待的过程中向客户通报维护的进度?

 思考:你认为客户可以通过哪些方式了解车辆的维护进度?

 思考:车辆维修过程中,当发现有潜在维修项目时,如果你是服务顾问,请根据你的理解完成下表。

	维修增项形式	客户的处理方式	服务顾问的处理方式
客户在现场等待	一般维修增项	客户同意维修	
		客户不同意维修	
	涉及安全的维修增项	客户同意维修	
		客户不同意维修	
客户不在现场等待	一般维修增项	客户同意维修	
		客户不同意维修	
	涉及安全的维修增项	客户同意维修	
		客户不同意维修	

（2）具体实训步骤及要求

1）车辆保护

①确认车辆是否已安装防护五件套。如果没有，则需安装。

②如果需要打开发动机舱进行检查、维修操作，必须在翼子板上加装翼子板护垫。

2）维修前准备

①详细阅读《预检单》和《维修委托书》，了解所有维修项目及内容，以及故障处理方法。

②依据《维修委托书》上的备件编号到备件仓库领取备件。

③查阅、了解维修工艺和相关工具，使用专用工具、常用工具及设备。

3）车辆维修

①对照维修委托书维修项目和维修内容，严格按《维修手册》或《技术快讯》的工艺要求进行维修，并遵守安全和环境保护规定。

②对保养车辆按《保养工艺》要求操作，并在对应的《保养表单》中作记录。

③在维修过程中，拆卸下来的零件须分类存放在干净容器内，并摆放有序。

④应充分考虑车辆交付时间，合理安排作业时间。

⑤对于电器电路或多路传输线路的维修，要确保在维修工作完毕后对车辆计算机内存储的相关故障记录进行清除。

⑥所有维修、保养操作完毕后，需进行自检；并打扫、清洁维修工位，整理维修工具。

⑦对质检员在维修质量检查过程中发现的不合格项目或内容，必须按维修工艺重新进行维修操作。

4）维修项目修改或追加

①在维修过程中，如果发现新的维修内容时，应将增补维修项目和处理方法记录在《预检单》中，并在第一时间内通知车间调度或服务顾问。

②对增补维修项目及时向客户进行说明，并对所要完成的维修进行费用报价和交车时间延长说明。

③在没有获得客户对新的增补维修项目意见的情况下，不要进行任何增补维修工作。

5）维修进展跟踪

①通过车间调度及时了解所接待车辆维修情况和进展程度，不定期地向客户进行通报，并询问客户是否还有其他要求。

②如发生维修时间延长或有增补维修项目时，均应及时向客户现场说明或电话通报，征询客户的处理意见。

③服务经理与备件部门及时联系、沟通，保证有足够的备件或供货渠道畅通。

④车辆维修完毕并经自检合格后，将车辆和钥匙以及全部工作表单交给车间调度，由其安排维修质量检查。

实训 7　维修质量检查技能实训

1. 实训目的

①能完成质量检查工作。
②知道处理不合格或者遗漏项的处理方式。

2. 实训设施及工具

①模拟实训室。
②接待检查车辆两台。

3. 实训内容及步骤

（1）基本知识点

 思考：在质量检查的过程中，发现车间维修时遗漏了一个项目没做，你会怎么处理？

 思考：如果你是客户，离开4S店后发现车辆维修不彻底，你会如何处理？

（2）具体实训步骤及要求

1）维修质量检查

①对所有进4S店维修、保养完毕的车辆，在交付客户之前必须进行全面的维修质量检查，并符合维修保养质检工艺要求。

②对照《维修委托书》上的每项维修（保养）项目或故障内容，逐一检查是否完成。如有必要，进行路试。

③每项完工的维修项目都要符合《维修手册》或《技术快讯》的技术要求。

④对于保养车辆,必须以符合车辆的《保养工艺》为依据进行检查。

2)维修质量检查记录

①将检查的结果如实、完整地记录在《维修保养质检表》对应的栏目内,并签名。

②对不符合派工要求的维修项目或已完工但不符合维修技术标准的维修项目,则需要返工,在"车辆第一次检查"中记录"坏",同时记录"返工描述",并将车辆和单据交给车间调度,由其安排维修技师对不符合项目实施返工。

③填写《重复维修分析表》,服务经理利用其分析返修原因,提出返修预防措施。

④对返工维修的车辆,仅对返修项目进行再次检查,合格后在"返工后检查合格"栏处签名。

3)填写《维修保养质检单》

①对所有维修质量检查合格的车辆,以及依据本次维修情况,填写《维修保养质检单》和维修建议 ,并签名。

②将质检合格后的车辆和钥匙以及全部工作表单交给车间调度,由其根据《维修委托书》上"客户意见"安排清洁人员对车辆进行清洗;如用户车辆不需进行清洗,则将车辆直接停至"车辆竣工区"。

实训 8　车辆交付操作技能实训

1. 实训目的

①能够完成客户车辆交付前的准备工作(项目检查、车辆检查、物品检查、清洁检查、手续检查)。

②能给客户进行详细的维修结果说明。

③能热情陪同客户完成车辆的验收检查。

④能引导客户完成费用交付并耐心解释发票项目。

⑤能微笑送别客户并表示感谢。

2. 实训设施及工具

①模拟实训室。

②接待检查车辆两台。

3. 实训内容及步骤

(1)基本知识点

 思考:车辆交付前需要交给客户的资料有哪些?

思考:车辆交付时需要给客户做哪些解释?

_____

_____

思考:车辆交付时有哪些礼仪方面的要求?

_____

_____

思考:客户在交车环节发现车辆的轮胎气压不够,该问题是由于工作人员疏忽导致的,此时你会如何处理?

_____

_____

思考:某周末,到店维修的客户很多,而一个客户在交车环节中恰恰提出对车辆的某项操作不熟悉,想请你教他操作,此时你会如何处理?

_____

_____

_____

思考:车辆交付时,你如何向客户进行满意度调查?

_____

_____

(2)具体实训步骤及要求

1)内部交车

维修人员将车钥匙、任务委托书、接车登记表等移交车间主管,并通知服务顾问车辆已修完,通知服务顾问停车位置。

2)车辆检查

①检查确认车辆内外清洁度(清洗后车辆)。

②其他检查:除车辆外观检查外,还应包括无灰尘、油污,不遗留抹布、工具、小零件等,烟灰缸是否清洁。

③对于自费项目,确认客户希望看到或收回更换下来的旧零件是否装入塑料袋中,并放置在车辆的后备厢。

④其他方面调整的检查(如时间、电台频道、灯光等)。

3）确认书面工作

①检查《派工单》，以确保客户提出的所有维修或保养项目以及经客户同意增补的建议维修项目都已得到了维修和解决。

②检查《维修保养质检表》，确保车辆所有维修项目经质检合格。

③核对维修费用，包括备件费、工时费。

4）打印结算单

①利用汽车经销商管理系统完成并打印《结算单》。

②在《保养手册》中记录已进行了的保养（如果有），并加盖4S店印章。

③在与客户商定的交付车辆时间前，面带微笑、礼貌地通知客户准备提车。

5）向客户详细说明维修或保养项目费用的内容

①说明每个维修或保养项目的工作过程及结果。

a. 故障原因分析及故障处理方法；

b. 更换的零件（换件维修）；

c. 如有必要同用户一同进行路试。

②说明维修费用：

a. 总费用；

b. 总零件费、总工时费；

c. 每项工作分别包含的零件费、工时费；

d. 优惠或免费费用（套餐项目、质量担保项目、预防行动项目等）。

③依据《保养表单》，对《保修手册》上的记录进行说明（如果有），简要介绍保修条款和定期维护的重要性。

④向客户介绍增值服务项目（如果有），说明已经完成且是免费的（如优惠活动等）。

⑤利用《维修保养质检单》，向客户建议近期要做的维修。

⑥提醒客户下次保养的里程或时间。

6）维修费用结算

①请客户在《结算单》上签字确认。

②向客户说明付费方式（现金、刷卡），并获得客户认可。

③引领客户去结算车辆维修费用。

④开具发票（仅指自费，质量担保项目、预防行动项目等除外）。

7）单据整理

客户付款后，将所有单据（派工单、保养表单、维修保养质检单、结算单、发票）放入"发票袋"中，同《保养手册》一并交给客户。

8）交车说明

①向客户确认更换下来的旧零件或部件（保修件除外），并询问处理方法。

②向客户说明已作的调整（如时钟、电台频道、灯光等）。

③向客户说明车上某些配置可能被调整过，请客户自行恢复（如座椅、反光镜、空调控制）。

④将车钥匙交还客户。

9）意见征询

①征询客户对本次服务的整体感觉以及意见和建议,并记录,同时表示感谢。

②向客户说明如有任何问题可与4S店或服务顾问进行联系,并递送名片(如条件成熟,在征得客户的同意下,在车辆驾驶室内适当位置粘贴4S店服务热线)。

10）与客户道别

①当着客户的面取下车辆防护套。

②将客户送到4S店门口,致谢(必要时,引导客户将车开到行驶道上),目送客户离开。

11）整理资料

维护本次维修档案,并将全部单据存档。

实训9　车辆回访技能实训

1.实训目的

①熟练执行回访工作。

②能够处理回访中客户的不满或者异议。

2.实训设施及工具

①模拟实训室。

②接待检查车辆两台。

3.实训内容及步骤

(1)基本知识点

思考:回访前的准备工作有哪些?

_____

_____

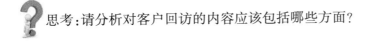思考:请分析对客户回访的内容应该包括哪些方面?

_____

_____

思考:在回访的过程中,客户表示出对本次的维修质量不满意,你会如何处理?

_____

_____

_____

思考:在回访的过程中,有哪些礼仪方面的要求?

_____

_____

_____

思考:请分析本次的回访与下次的预约有怎样的联系?

_____

_____

_____

(2)具体实训步骤及要求

1)回访前准备

①服务顾问在完工交车后次日,在汽车经销商管理系统查询回访客户清单。

②准备回访客户保养记录。

③依据《维修委托书》记录的适合回访时间致电客户。

2)致电客户

①做好回访电话前的信息准备。

②问候客户、自报家门。

③确认接听者为车主本人。

④告知致电目的。

⑤咨询客户是否方便接听电话,若不方便接听,咨询客户适合回访时间,记录后依约定时间再次致电回访。

⑥电话中应避免使用对方不能理解的专业术语或简略语。

3)关怀维修后用车情况

关怀客户车辆的修后使用情形。礼貌地告知客户车辆在使用中如有任何需要服务的,可随时联系服务顾问。

客户如反馈有不满意项目或建议事项,服务顾问应仔细聆听、逐一记录客户提出的抱怨、疑问、建议事项,并做相应解释,服务顾问如无法及时解决,则应为客户预约回4S店检修。

客户如有不接受解释或不愿意回4S店检修的重大不满意项目,服务顾问应立即按客户投诉处理流程规定反馈给相关人员处理。

4)感谢、结束回访

感谢客户接受本次回访,并再次与客户确认本次回访重要信息,结束通话。

5)整理回访记录

整理好回访信息,并及时记录在汽车经销商管理系统中。若有需要和其他部门之间进行工作协调,应及时进行沟通,完成回访中问题的处理。

实训 10　处理客户投诉技能实训

1. 实训目的

①通过实训,理解客户投诉的类型。
②初步掌握维修接待中客户的异议和投诉的处理。

2. 实训条件

模拟实训室。

3. 实训内容及步骤

(1) 基本知识点

 思考:处理投诉的基本流程是什么?

_____

_____

(2) 具体实训步骤及要求

根据下列信息写出客户心理及应对办法:

某汽车品牌客户的车辆在行驶中出现了行驶中熄火现象,时隔两个月后在一次的行驶中又出现此现象,当时方向和刹车都没有了,车辆发生碰撞,方向盘和底盘移位,气囊爆开,驾驶员受轻伤。客户前来投诉(此现象曾在本站维修过)。

用户心理:

_____

_____

_____

应对办法以及相关话术:

_____

_____

_____

_____

参考文献

［1］徐东.汽车售后服务管理［M］.西安:西安交通大学出版社,2018.

［2］赵计平.汽车售后服务技术人员培训能力标准［M］.重庆:重庆大学出版社,2015.

［3］蔡彧.汽车售后服务实务［M］.重庆:重庆大学出版社,2015.

［4］林明月.汽车售后服务实务一体化项目教程［M］.上海:上海交通大学出版社,2015.

［5］杨新桦.汽车服务企业管理［M］.北京:清华大学出版社,2017.

［6］高青.汽车服务企业管理［M］.北京:机械工业出版社,2018.